i

为了人与书的相遇

24堂财富课

与女儿谈创业

陈志武 著

台海出版社

目录

推荐序一 陈志武的"私塾"教案 ... i
熊晓鸽

推荐序二 爱国教授可贵的企图心 ... v
徐小平

推荐序三 一份亲子对话范本 ... vii
袁 岳

推荐序四 志武实现了我们的约定 ... xi
朱 民

自 序 ...001

|第1课| ...009
盖茨和他的微软：边际成本为零的商业模式

|第2课| ...017
舒尔茨与他的星巴克：不花钱做广告就建立顶尖品牌

|第3课| ...027
老沃尔顿与他的沃尔玛：通过规模压低成本

|第4课| ...037
戴尔的成功秘诀：定制加直销的模式

|第5课| ...047
我想开糖果连锁店："己所不欲，勿施于人"的商业原则

|第6课| ...059
我要办电力公司：政府管制与行业发展

|第7课| ...067
如何让员工心疼公司的钱：产权制度与激励机制

|第8课| ...081
投资太阳能：垂直一体化整合的商业模式

| 第9课 | ...091
为什么中国公司喜欢行行都做：资产结构与效率

| 第10课 | ...101
为什么不投资中国：社会文化与商业模式

| 第11课 | ...111
跨国经营个性化服装：全球化下的创业模式

| 第12课 | ...121
端起碗来吃肉，放下筷子骂娘：全球化意味着什么

| 第13课 | ...131
杰克在中国：创业是一件体验人生的事业

| 第14课 | ...145
尹明善先生主宰命运的故事：创业不论年龄

| 第15课 | ...155
无股权不富：把未来的收入变成今天的财富

| 第16课 | ...165
犹太人的钱袋：金融生意赚的钱是"好钱"吗

| 第17课 | ...173
把餐馆做成规模化的公司：如何升级商业模式

| 第 18 课 | ...183
狂跌过后,买哪些股票:如何找到高增长前景的行业

| 第 19 课 | ...193
爸爸的基金将面对一场大危机:股权结构与公司命运

| 第 20 课 | ...203
家族企业如何接班:能力问题与代理人问题

| 第 21 课 | ...215
没有爱情的婚姻是一笔交易:市场如何解放个人

| 第 22 课 | ...229
借钱花好不好:当下与未来的平衡

| 第 23 课 | ...241
中美家庭模式比较:把家庭从利益中解放出来

| 第 24 课 | ...247
洛克菲勒的财富和公益事业:"授人以鱼,不如授人以渔"

附 录

给女儿的信之一:给孩子以选择的自由 ...261
给女儿的信之二:"担干系,负责任"使自己成器 ...265

推荐序一
陈志武的"私塾"教案

熊晓鸽

和志武认识的时间并不长,却是一见如故——记得是在哈佛商学院的一个研讨会上,身处美国,乍闻乡音,由异域见老乡的亲切感而萌生的信任和坦诚,在几番你来我往且多半是在饭桌边进行的探讨和交流之后,迅速升华成一种相见恨晚的知交情谊。于经商之道,我是半路出家,尽管在投资界摸爬滚打近二十年,积攒了无数逢山开路遇水搭桥的实战经验,却经常觉得难以"以理服人",让国外的同行透彻地理解风险投资界的"中国特色",从而明了我们这群当初的"外行"何以曲径通幽,最终奇迹般地"猴子称大王",在这片风险投资的"不毛之地"小有建树。志武是地道的学院派,却能恰到好处地灵活运用美国那套经济学原理,诠释中国种种光怪陆离而又光芒璀璨的经济现象,从一堆乱麻中抽丝剥茧、条分缕析地抽出其理论依据,也让我大开眼界，更让我常常笑着感叹：真是听君一席话，胜读十本书。于是恳请志武将他读到的或者他自己刚刚写完的好文章发电邮给我，让我这没时间读书的人，也能一目十行地概览当今经济学界的潮流与风向。

在世界经济动荡不安的今天，我们每天都会听到来自经济学界的不同的声音。从这些迥异的声音中，依稀可辨他们不同的背景：服务于政府部门的经济学家们多少都有为其政党政策辩护之嫌；来自金融机构的首席分析家们更是殚心竭智不遗余力地为其公司和客户摇旗呐喊；唯有少数来自学院的学者们，虽然也难免学派学术之争，但至少保持了相对的利益超脱与立场中立——只要我们保持兼听则明的警醒，便往往能从他们严谨治学的研究成果中大获教益。这也是为什么我如此珍惜与志武这种亦师亦友的情谊，也始终将志武的文章和著作视为了解经济学界风云变幻的最直接可靠的信息源。

然而，《24堂财富课：与女儿谈创业》在志武的著作中是如此与众不同。它不是一本研究高深莫测的金融数理模型的鸿篇巨制，甚至也不是一本循规蹈矩的经济学普及读物。这是一位世界知名学府的金融学教授为他12岁的小女儿度身定制并因材施教的"私塾"教案，是一位满怀爱心的父亲，与一个对未来充满野心、雄心与好奇心的少女的平等对话和智慧交流。仿佛一对醉心于探宝游戏的父女，父亲循循善诱，女儿孜孜以求，他们在人们熟悉的富豪名企中寻找成功的人格特质和商业模式，从小女孩热衷的糖果店漫谈到"好钱"和"坏钱"这类严肃的商业道德命题，又从令人闻之色变的金融危机追溯犹太人钱袋永不枯竭的奥秘和现代金融制度的必要与必然……看似取材随意，却又旁征博引、深入浅出、润物无声。深知"授人以鱼，不如授之以渔"的陈大教授，既要绞尽脑汁，教导女儿识水性、辨风向、观渔汛的基本常识和技巧，又不得不小心翼翼，以免让商海的险恶乃至某些时刻的丑恶挫伤了少年那跃跃欲试生气勃勃的求知欲与上进心，用心良苦，心长却并不语重，许多话题也只是点到为止，举重若轻。

难得志武本着"幼吾幼以及人之幼"的大爱，将这本写给爱女的著作公开出版。我以为，这的确是一本值得父母与儿女一起阅读的开智启蒙的经济学读物。

（作者为 IDG 资本创始合伙人，著名风险投资家）

推荐序二

爱国教授可贵的企图心

徐小平

我一直是陈志武教授的忠实粉丝。他和女儿有关商业模式、商业思维的对话，在《创富志》专栏和他的博客上连载时，我是他沉默而快乐的读者。陈教授人在耶鲁，但他对中国经济、金融和商业的各种评论文章，写得非常精辟有趣，是我获得思想火花的火种之一。现在他把与女儿的这些对话整理出版，使我们能够读到一本角度独特、观念新颖的趣味读物，对于我们建设现代商业文明、普及商业文化、传播商业意识非常有价值。

我在1996年加盟新东方之前，曾经于1994年回国创业一年，结果大败而归。回头看，失败的原因很多，但根本的一条，就是自己"缺乏商业意识、不懂商业模式"。而这个缺乏，不是我一个人的事，事实上是一代人的事情。在"文化大革命"和计划经济时代成长起来的我们，基本上都缺乏商业意识和商业思维。虽然在经济建设大潮中，人人都意识到了挣钱的重要性，却发现要创业致富，还得补上一课。欲望的释放是一夜之间的事情，但商业文明的建设却需要长久的工夫。时代对经济建设、商业成功的渴望和呼唤，与社会在商业意识上的薄弱甚至扭曲、个人对商业文化的陌生乃至盲目形成鲜明的对比，是当代中国人尤其是青年一代痛苦的根源之一。人们只会感受到经济受挫之后的切肤之痛，但很少能意识到无法获得商业成功背后的商业思维和文化的匮乏。

因此，我在阅读陈教授父女共同完成的这本对话集时，一边读，一边感叹，甚至有些羡慕他的女儿陈笛——中国人这方面的文化太薄弱、教育太落后，这是很多人奋斗失败、生活郁闷的根本原因。我知道陈教授在写下书中的文字时，心里想着要去影响的绝不是陈笛一个人，而是必将引领未来中国经济、政治和社会发展的青年一代！中国家庭非常需要这样的商业家教，中国青年非常需要这样的商业文化熏陶，中国教育非常需要这样娓娓道来、润物无声的现代商业价值观、现代人生价值观的浇灌。从这个意义上说，陈教授的著作，是中国新文化建设的一个重要构件，值得大家珍读。

我热烈地向读者推荐此书！

（作者为真格基金创始人、
新东方联合创始人、教育家和职业规划专家）

推荐序三

一份亲子对话范本

袁 岳

我大力提倡亲子共同爱好，有了亲子共好才有对话的共同语言与情感基础，而不只是因为生理意义上的亲子与社会意义上的共同生活而产生的自然依赖。那么亲子共好怎么产生呢？亲子对话就是一个必需与有意义的途径。亲子对话说起来不难，对话对象天天生活在一起，似乎随时可以对话，但在中国的家庭里面亲子对话恰恰是非常稀少的，除了对对话的必要性认识不足以外，亲子之间对于对话的技巧、方法与经验均非常缺乏，最终我们就没有对话的习惯。在这个意义上，我们是在沉默与家长里短的寒暄中进行着内涵度很浅的家庭生活。有一点非常肯定，家庭成员在家庭互动中不断学习到新知与得到新的激发的可能性非常小，因为我们很少费心于创造有魅力的家庭话题、进行有意义的家庭研究、确定有建设性的家庭讨论、用对话的方法形成新的家庭关系形态。因此，在这样的家庭关系形态下，即使有人有心建立亲子共好，要真正做到也非常困难。耶鲁大学陈志武教授却以自己亲子对话的亲身实践演示了对话与共好的建设是如何达到的。

我以前的同事张守礼先生现在积极推进亲子共读，也就是大人小孩一起读书的运动。我也在积极推动一些朋友做亲子共游。我们已经进入了一个独生世代，长辈不只要做长辈，长辈更要做孩子的朋友与共同体验者、平等分享者，因此志武的这一份亲子对话记录的确是非常具体且可操作的亲子互动参考书。而特别有意义的是，陈教授与孩子交流的是关于商业的题材。事实上，财富与生意是很多中国家长希望孩子能够有所领悟的东西，也是非常多的青少年感兴趣的话题，甚至中国也是全世界少有的很多孩子在少年时代就把当企业家作为自己未来理想的国家。但是我们很多家长启发孩子的商业理想或者代孩子选择金融、管理、市场这类专业的依据是什么呢？是自己的一己考虑然后简单代孩子决定，是在一些朋友亲戚范围内征询意见然后推荐给孩子，是一些孩子自己看到别人选择而从众，是看到了一些商业性招生宣传广告而做了决定。有多少人像陈教授一样与孩子从小进行这方面的亲子对话呢？我可以肯定的是，即使很多经济学或者管理学教授与自己的孩子也很少进行类似的对话。有人说：我们不是陈教授这样的经济学家，所以我们

推荐序三 一份亲子对话范本

不能像他那样与孩子对话。那么我要问：有多少家长与孩子在共同学习的基础上讨论与深化这个话题，又有多少家长不是到了孩子升学的时候才匆匆征求一些亲友的意见，然后就为孩子匆匆决定？如果不说经济学，其实我们很多家长也是有某些方面的专长与能耐的，有多少人是用陈教授这样的方式与孩子进行交流的呢？陈教授在这里传达的具体信息我倒不一定建议大家记得，但是陈教授与女儿的亲子对话方法特别值得大家学习。

与陈志武教授交往，我个人也深深地受用于与他的对话。他从来不以美国名校的大经济学家自居，总是谦谦有礼，对同事、客人、学生都一样，他也总是把大道理放在具体的观察与通俗的语言中与大家分享，所以我对于他能与孩子进行这样的沟通并不惊奇。我可以想象，陈教授的孩子在这样的亲子对话中成长，不只在明确自己的方向、建立与父母的良好关系上得益，她们也更有可能把父辈这样的对话文化延续下去，把这种受她们下一代、受朋友与其他长辈欢迎的风格延续下去，这就奠定了她们自己未来更受欢迎的某种人格基础。所以对话这件事，比对话的具体内容本身，意义要大得多，向大家推荐这本书的用意，也更多是在这里。

（作者为零点研究咨询集团董事长兼总裁、东方卫视与第一财经《头脑风暴》节目主持人）

推荐序四

志武实现了我们的约定

朱 民

2007 年仲夏,志武在京,我约其晚餐,也顺便带上了我刚上大学的女儿。我们谈了一些共同感兴趣的金融、历史话题。因为我的女儿在座,我们自然也谈了不少对子女的教育问题。我们都认同一个基本理念,即家长和子女的交谈是特别重要的,但是和子女的交谈是否愉快和有意义,取决于我们能不能从他们的兴趣出发,从子女的角度看问题,从具体的事情引发一般的道理,并进而引发做事做人的一般道德和伦理准则。志武告诉我他有两个女儿,但个性迥然:大女儿是个好学生,成绩好,听话,好打扮;小女儿功课不错,但对成绩不感兴趣,对一般女孩喜欢的东西也不感兴趣,却对商业有很强的好奇心,老想着创业和赚钱。他喜欢和小女儿聊天,谈商业模式,谈创业。我对和小女孩谈商业模式的价值取向不太有把握,也和志武做了些讨论。我的女儿睁大眼睛听我们讨论，时不时地插上几句话，但她站在志武一边，她认为在这个非常商业化的世界里，不谈商业其实是绕过了现实世界中很大的一块，也不利于帮助她们整体把握世界。她也不认为商业价值的讨论是需要对小孩避讳的，讨论商业价值与讨论历史事件和人物、讨论科学发明和知识没有区别。我们最后相约，他届时把他和女儿谈金融谈商业的对话整理成书，我也把我和女儿从日常点滴小事说开的道理结集成册。一晃两年过去了，我们都在和我们的女儿继续对话，不同的是，志武果然如约把他和女儿的对话结集成书了，而我的"书"则只字未成。

这本书读起来轻松，是父女就耳闻目睹的平常事例引申而出的一些话题，把他们对商业和世间人情物理的感悟，及其背后更复杂的道理，用浅白的语言清楚地讲了出来。我很欣赏志武举重若轻的技巧。在这本书中，志武给女儿讲了很多商业成功的故事，讲盖茨如何致富，讲星巴克为何成功，讲杰克如何抓住中国的发展机会，讲尹明善怎么成为亿万富翁。在轻松讲故事的过程中，他把边际成本、垄断利润、风险资本、产权制度、商业伦理等复杂的经济学、金融学、管理学的概念讲得很清楚。他也追述了咖啡的来历、鸦片战争的起因，并给出了他的历史解读。小故事，大道理，作者信手拈来，娓娓道出，不知不觉中，志武给我们讲解了各种商业模式是如何出现的，为何成功的。

推荐序四　志武实现了我们的约定

志武是为数不多的奇才之一。他自湖南农村走出来，1986年赴美留学，接受了良好的经济学和金融学训练，也对金融市场的实务操作有深刻的了解。他总是执着地追寻现象后面的本质，在今天的生活中探寻历史的痕迹。在他的文章中，湖南农村的生活背景总会若隐若现，二十多年在美国的学习、工作和修炼，使得他对理论、历史、商业以及大千世界都有独特的理性思考和判断。两个女儿自小在美国长大、生活，于是，在志武人生的时空跨度中，在他与两个女儿的代际之间，我们还可以读到有趣的文化的碰撞和交流。

这是一本有意思的小册子，读来别有感受。我也准备给我女儿讲讲志武讲的故事，想来一定别有情趣。

（作者为国际货币基金组织副总裁）

自 序

古语说："授人以鱼，不如授人以渔。""授人以鱼"只救一时之急，"授人以渔"则可解一生之需。

对待子女也一样，给子女最好的礼物不是金钱财富，而是创业致富的技能。

那么，为什么跟女儿谈商业，而不谈伦理、道德，不谈《论语》、《中庸》？这种教育是否太重利轻义？

简单的回答是：第一，我只能根据女儿感兴趣的话题谈，而陈笛从懂事以后就对如何成为亿万富翁感兴趣；第二，谈商业案例的同时，也不妨碍谈及伦理、道德，实际上，通过子女感兴趣的案例传授创业致富之道外，更可以传授做人之道。

教育子女当然是父母的重要责任，但是，教育的方式可以多种多样。按照现在时髦的话说，需要与时俱进。这几年关于读经的话题炒得很热,许多人认为那才是最好的育才方式。

我不这么看,原因很多。

其一,"四书五经"没有几个孩子能读懂,特别是对于像陈笛这样中文本来就不好的小朋友,就更难。

其二,这些经典中包含的价值体系不一定适合今天。如果你希望子女能够在现代社会,特别是西方社会生活,那么,应该做的恰恰是不让他们成为"儒家"人。

这些年,我见过不少来自中国、韩国、日本受儒家文化影响的学生和同事,这些人普遍表现得"中庸"、太"儒",所以,在美国和其他非"儒"社会里特别吃亏。儒家压抑个人表现,而个人表现、主动表现又偏偏是现代社会与市场营销所必需的个性和技能。我们常抱怨中国缺乏品牌,其中的原因,当然与知识产权得不到保护有关,但同样重要的原因,在于崇尚被动个性、压抑个人表现的儒家文化。

为什么市场营销这个行当起源于美国?为什么在美国生活的印度人普遍比中国人、韩国人、日本人更擅长市场营销,也比后者在公司高管层中更成功?"中庸"反对竞争,反对主动争取自己的利益和权利,一个行为过于"儒"的人,只会被动地等待别人给他本来就属于他的东西,总是把主动权留给别人,而不是自己争取、保护属于自己的利益和权利。中国公司走出去营销、投资时,困难重重,原因也在此。你如果爱子女,就不要用《论语》《中庸》束缚住他们的手脚。

其三，如果要教《论语》《中庸》，到最后，又变成做父母的高高在上教训子女，而不是平等地交流、对话。"三纲五常"主张的不是人格平等，而是根据地位、辈分、性别不同确定的等级服从关系。

我跟许多朋友一样，小时候在农村长大。这种背景有些朋友会不愿意提起，但我从不遗憾，因为这就是我，是这种背景造就了我整个人，没有这些基础，我就是另一个人了。

最让我遗憾的是，从小到大，我跟父母、兄长没有过真正的对话交流，就是那种跟自己真正谈得来的朋友才有、能让你感到亲近的对话交流。到今天这种缺憾已无法弥补。也就是说，我对父母、兄长有独特的感情，只是那感情更多源自他们对我的养育之恩，源自他们是我的父母、兄长，而不是靠对话交流、心灵沟通形成的感情。这种以亲情为基础的感情更多是因回报义务、孝敬责任所致，是没有选择的义务，跟基于心灵沟通的感情不同，后者不是逼出来的，是因为"谈得开心、默契"自然建立的。

所以给我留下这些遗憾，一方面是因为农村很穷，每天都要面对生存的挑战，在亲人之间做心灵沟通、感情交流，是很不现实的奢侈之举；另一方面，在"三纲五常"秩序下，也很难在代际之间、兄弟之间有平等的"心对心"对话，父亲在子女面前、兄长在弟弟面前总要表现得威严，表现得不可接近，不能表现得平等，长辈可以大声训话，而小辈只有听话的份儿。

在这种文化背景下，子女跟父辈、弟弟跟兄长间怎么能有真正的心灵沟通？做子女的除了知道要无条件地孝敬、服从长辈之外，哪里还有空间去与长辈进行"心对心"对话、建立自愿的感情呢？由于年龄不同、生活阅历各异，本来与父母、兄长之间的沟通就很难，而"三纲五常"秩序的氛围更是雪上加霜。

正由于成长经历如此，在我做了父亲之后，就下决心不让女儿重蹈自己的覆辙，宁愿让女儿感到我是她们可以谈心、平等交流的朋友，也不要让她们感到我是威严不可近的父亲。我一直以为，如果女儿今后跟我联系，只是因为我是她们的父亲，而不是因为跟我谈话投机，那会是一种失败。我和夫人的养老，不需要靠女儿，即使发生病残，也不需要她们的经济回报。我们没有指望任何经济上的回报。在这种情况之下，大可不必对女儿动不动就行使做父亲的权威，对她们训话，而是想法跟她们沟通、接近。爱她们还来不及呢！

所以，我一直试图找到女儿感兴趣的话题，针对她们的兴趣点去对话沟通。过去几年，陈笛恰恰又对两个话题最感兴趣：一是如何赚钱成为亿万富翁，另一个就是世界历史。这下好了，我们就有许多共同语言了。

其实，不管是什么话题，商业也好，文学、哲学、历史也好，只要是女儿感兴趣的，都能展开传输做人的道德、伦理，做人的道理不是只能通过"四书五经"传授的。实际上，在本书收集的跟陈笛的谈话中，就已多次涉及伦理道德问题、做人问题。

我的两个女儿出生在美国威斯康星州，陈晓生于1993年，陈笛生于1994年，相差一岁半。虽然她们都是在我们身边一起长大，上的学校也基本一样，但是，正如在本书的对话中有时谈到的，她们两个在世界观和人生观上差别很大：姐姐不在乎钱，谈到征税、政府作用时，她更会想到那些不幸的群体，所以，像美国民主党那样，相信政府的作用；而妹妹相反，她特别喜欢钱，也要努力赚大钱，她极力反对政府征税，尤其反对累计递增式税率制度（也就是收入越高，单位收入的税率越高），认为如果她父亲能够从湖南的穷乡村走出来，别的人没有理由不靠自己去成功，所以，政府不应该提供福利救济，好一个共和党人！

通过与陈笛的交流对话，也让我学到，经济学真的贴近人的天然本性，只要你对人、对社会有足够的敏感度并细心观察，即使像陈笛还没有学过经济学和其他社会科学，她照样能想到如何管理公司、领悟到不同商业模式的诀窍。

有朋友问我："你最崇拜、尊敬的偶像人物是谁？"我的回答是，任何自我成就的人！不管领域是什么，只要是他自己努力奋发而成，我就最尊敬他、崇拜他。正因为这一原因，我跟陈笛谈到的商业案例，从微软的盖茨、星巴克的舒尔茨、沃尔玛的沃尔顿、重庆力帆的尹明善到亚新科的杰克等等，几乎都是普通家庭出身但自我奋斗的个人创业故事，而他们每个人又都有自己独特的经历、独特的商业模式，每个模式背后又蕴含着基本的经济学原理。

我最好的愿望是，通过这些对话和案例，给年轻的父母、年长的爷爷奶奶，提供一种与子女、孙辈沟通的题材。世界五彩缤纷，这些都是可以交流的话题。但是，如何激发谈论、思考的火花？对于正在读高中、大学，或者是已经大学毕业的年轻人来说，我希望以这些对话，让你们看到，不管你的家庭出身、经济背景是什么，你也可以像尹明善、李彦宏、高纪凡、盖茨、沃尔顿那样创业。实际上，将来你们会发现，创业成功当然好，但即使不成功，创业的经历也会是人生一辈子的幸运。而如果你对创业不一定有兴趣，但想了解经济学看待社会的视角、所关心的问题，那么，我希望这本集子能够成为一本入门书。对话的结构使本书不可能成为一本系统的经济学著作，但从中可以看到我们经济学者所关心的对社会有实际意义的问题。

这本书的完成，首先要归功于陈笛、陈晓和我充满耐心的夫人王蓓，是她们每天给我力量，增加我对人性、对生活的理解。当然，我也要特别感谢郭宇宽、罗少强、张万文、《创富志》主编张信东和过往的责任编辑，他们对本人的完稿进程帮助很多。最后,还要感谢为本书写下热情洋溢的序言或评论的王利芬、熊晓鸽、徐小平、袁岳、朱民,以及一直以来关注着我的博客并留下评论的读者们。

第 1 课

盖茨和他的微软

边际成本为零的商业模式

在"养子防老"的农业社会里，为了保证作为投资载体的儿女给长辈以回报，父母必须对子女威严，与后辈以名分等级相隔，因此，跟子女平等沟通历来不是"四书五经"所倡导的中国家庭图景，长辈不可能降格跟后辈平等对话，而如果后辈对长者的言论提出质疑，那就是犯上作乱了，会造成"养子"但不"防老"的局面，会被看成是从根本上威胁到儒家社会秩序的事。

当然，我很幸运，通过各种保险和退休金等金融安排，我和夫人不用把两个宝贝女儿看成是养老的保障，更不用把她们看成是我们对未来的投资。既然如此，与女儿的交往中，我从来不要求她们无条件地听我的话，不会说："我是你父亲，不管我的话有理无理，你都得听。"而是以理服人，平等交流，不以名分压人。

平时，我夫人跟她们平等交往得很好，她也尽量花时间读女儿正在读的书，以此来增加她们的共同话题，便于与女儿的沟通，也让做母亲的了解女儿的心路历程。而我由于工作忙，没有那么幸运,不能跟她们同步读同样的书,所以,我就得找别的也让女儿感兴趣的话题。

我的两个女儿,陈晓 14 岁,陈笛 12 岁。[1] 她们的兴趣差别很大,性格各异。陈晓的分析能力或说思辨能力极强,聪敏过人,很小的时候就"把世界看透了",把"十万个为什么"问个够,到今天,差不多只对男朋友的问题感兴趣,而我作为男人当然没法插嘴。

陈笛对这个世界是怎么来的,两年前兴趣很大,不过,等我给她讲了什么古希腊、古罗马、中国宋元、大英帝国的故事后,她现在只对赚钱感兴趣,说怎么也不要像爸爸那样做教授,而要成为亿万富翁。这就好了,虽然我自己不是亿万富翁,但作为金融学教授,谈谈如何致富还是没问题。所以,跟陈笛就不怕没有共同话题。

不久前的一天,早晨 7 点半,跟平日一样,我开车送女儿上学。途中,陈笛问起:"盖茨为什么这么富?他怎么会有近 600 亿美元的财富?"她这一问,便开始了我们许多天里关于商业模式的对话。

---

[1] 本篇谈话发生在 2007 年,这是当时我女儿的年龄。

我说:"盖茨是一个天才。1977 年他 21 岁的时候,创办了微软公司。1986 年 3 月微软股票上市,那时他 30 岁,就成了亿万富翁!"

陈笛:"可是,他为什么一个人能赚这么多钱?"

"其实,盖茨能拥有亿万财富,并不是说他已经实现了这么多的盈利收入,而是在他公司上市后,股票市场对微软未来的收入非常看好,愿意给微软的股票很高的价格。也就是说,盖

茨今天的财富更多是反映微软未来能赚多少钱，是股市帮助盖茨把未来的收入提前变现，他今天的财富不是靠过去已赚的收入累计起来，而是未来收入的提前累计。所以，是股市帮了他的忙。"

陈笛："那么，为什么微软会这么值钱？它跟别的公司有什么差别？"

"原因当然很多。第一个原因可能是软件商业模式的特点，因为一旦微软花成本开发出一种软件，比如像你们喜欢用的Windows，那么，每多卖一份Windows系统软件，收入是260美元，可是其成本接近零，也就是说，这260美元是纯利润，净赚。今天全世界有6亿多的电脑用户（2007年），哪怕中间只有1亿人购买，这也是260亿美元的收入！你说，这么大的市场，同时每卖一份软件的边际成本又几乎为零，这种商业模式怎么会不赚钱呀！"

陈笛："爸爸，你说的边际成本是什么意思？"

"那是说，一旦你已经投入开发成本、广告成本，为了再多卖一份产品，你还要付出多少成本。比如，我正在开着的凌志牌汽车，每一辆要卖4万美元，你们可能觉得，丰田公司造这种车会赚很多钱。但是,你要知道,每辆车的制造成本会很高,而且每辆的成本基本一样。也就是说,为了生产一辆车,丰田必须购买发动机、车身、轮胎、方向盘等等,这些部件一样也不能少,总成本不会低,况且他们要付很多的工人工资、退休金以及其他福利,所以,每辆凌志的边际成本很高,丰田汽车公司的利润空间永远无法跟微软相比。这就是为什么大家喜欢微软的股票,喜欢盖茨创办的公司,而不会太热爱汽车公司的股票。"

陈笛:"那你说餐馆呢?我原来想,开餐馆也好像很赚钱,可据你这么一说,餐馆不是也要花钱买菜、买肉,还要付工钱,它的边际成本不是也很高吗?"

"是呀,这也是为什么人们开餐馆开了几千年,很少有人开出个亿万富翁来。实际上,农业的利润空间更小。比如,在我老家湖南,你奶奶的家乡,如果种一亩地赚 10 元,那么,为了赚 1000 元就要种 100 亩地,因为每亩地需要的资源投入和劳动投入都是一样的,每亩地的种植成本一样多,稻谷的边际成本是常数,无法产生规模效应。可是,一个人一天只有 24 小时,谁能种得了 100 亩地呢?用数学的语言说,农业的产出跟投入是线性的关系,为了多赚几块钱,会把你累死,而微软的销售产出跟它的投入几乎没关系。

"所以,农业,不要说跟微软的商业模式比差很多,就是跟汽车公司比也差很多。原因是通过机械化生产,丰田公司能利用规模生产降低每辆车的制造成本。所以,农业远不如工业,而工业又不如微软这样的行业。这就是为什么西方国家通过工业革命在过去 250 年领先于中国,而今天美国又通过像微软这样的行业领先于世界其他国家,包括超过工业革命的发源地——英国。

"当然,类似微软这样的商业模式越来越多,比如互联网。中国的陈天桥先生创办盛大网游,他的特点也是'零边际成本',一旦互联网游戏软件开发好,增加一个用户对盛大来说成本是零,所以,来自千百万个新用户的付费都是净利润,你说那能不赚吗?马化腾先生创办的腾讯公司也是这样,在 QQ 世界里,你可以为自己买一顶虚拟帽子,为编写制作那顶帽子的软件,腾讯程序员可能花一天时间,但编好后,卖一顶帽子是 1 块钱,100 万人买,腾讯的收入是 100 万,1 亿人买带来的收入是 1 亿元,这些都是纯利润,跟腾讯投入的成本没关系。基金管理业是另一个例子,像我们的对冲基金公司有 10 个工作人员,只要所管理的资金在 1 亿美元至几十亿美元之间,我们就不用增加太多费用开支,收入的边际成本也几乎为零。"

陈笛："我将来要……"说着说着,我们就到了陈笛的学校门口。

"好了,陈笛,到学校了。我们晚上回家再谈好吗?祝你全天愉快!"陈笛当然还想谈,这些亿万富翁的故事对她很有吸引力。"爸爸,也祝你今天愉快。晚上见。"

第 2 课

舒尔茨与他的星巴克

不花钱做广告就建立顶尖品牌

早晨跟陈笛谈完盖茨的微软商业模式后,她对软件产品的边际成本几乎为零这一点印象极深,知道了原来一旦微软开发出 Windows 软件之后,每多卖一份软件,其成本对微软来说接近零,每份 260 美元的收入几乎是纯利润。

下午放学回家,陈笛就问:"爸爸,如果微软产品的边际成本几乎是零,而餐馆、制造公司等等的运营成本、材料成本很高,那为什么还有人去开餐馆、建制造公司呢?这些公司还存在,并且也有人继续在开新的,这本身不就说明还能赚钱吗?"

我说:"的确是这样,各个行业都可以有赚钱机会,关键还得看有没有办法降低成本,或者巧妙地创新商业模式。比如说,我们经常去的星巴克咖啡店,你不是也喜欢那里吗?本来,咖啡最先起源于 10 世纪的埃塞俄比亚,随后传入中东,到 16 世纪由威尼斯商人带入意大利,经过英国东印度公司的海外贸易于 17 世纪初传入英国、荷兰等其他西欧国家,并立即成为西欧

第 2 课 舒尔茨与他的星巴克：不花钱做广告就建立顶尖品牌

的时尚饮料，咖啡馆也成了人们社交、休闲的场所。到 1675 年，仅英国就有 3000 多家咖啡馆。那时的英国移民也把咖啡带到北美，在 17 世纪末，纽约、波士顿等地也到处是咖啡馆。你看，咖啡馆在西方、在美国已经开了三百多年，其数量早已成千上万，无数人都尝试过开咖啡馆，也赚过钱。像这么老的行业，谁会想到还会有创造亿万富翁的机会呢？

"但是，这并没阻挡美国人霍华德·舒尔茨（Howard Schultz）通过开咖啡馆成为亿万富翁，更确切地说，他的财富是 13 亿美元！他于 1985 年成立星巴克公司的前身，到今天星巴克的市值是 254 亿美元，短短二十多年就创造出这种奇迹，而且是在有三百多年的老行业里创造出的，不是很令人吃惊吗？"

陈笛："这我就不明白了，我以为必须得像微软、谷歌那样的高科技行业才能创造亿万财富，像星巴克这样既没有新科技，又是一个老掉牙的行业，怎么还有机会呢？"

"首先在于规模，星巴克今天有差不多 13000 家分店，遍及全球，这是星巴克跟微软、谷歌类似的地方，都有广大的消费群体。在全球各地星巴克一周销售 4000 多万杯咖啡饮料，每月销售差不多 2 亿杯，按每杯 3 美元算，仅咖啡销售就是每月 6

亿美元！这是过去三百多年没有人做到的，过去没有咖啡馆做出这种规模，这可以说是史无前例！"

陈笛："为什么星巴克的品牌这么好，世界各地的人都愿意去，而且愿意为星巴克咖啡付这么高的价格？他们是不是靠花很多钱做广告？"

"这点问得很好。的确，几乎所有公司品牌都要花大钱做广告，以此在消费者群体中建立信任和形象，像衣服、食物品牌都是这样。做市场营销研究的人得出的结论是，一般的人在看到一种品牌两三次后才会信任它，才会愿意掏钱买它，所以，广告费的投入极为关键。但是，到目前为止，星巴克没有花过一分钱做广告，可它的品牌却是全球咖啡行业最响的，这是星巴克最大的成功秘诀。正因为它不花钱做广告也能有最好的品牌，它每卖出一杯咖啡的边际成本就很低，赚钱的空间就大了。"

陈笛："为什么星巴克不用花钱做广告就能建立顶尖品牌呢？"

"三方面因素带给星巴克优势。第一，从一开始，星巴克就只选择在最繁华的市区交叉路口开咖啡店，虽然这些地段租金很高,但非常醒目的位置给星巴克带来最自然的广告效果,过路的人不可能不看到招牌门面,看的次数多了,品牌信任自然就来了。当然,这一点早就是常识,从前人们就知道,没有太多特殊的。

"所以,更重要的是第二个因素,那就是全球化和全球范围内的人口流动,为星巴克这样的品牌连锁店带来空前的机会。像爸爸经常在世界各地跑,基本都是公事出差,不管到伦敦、米兰、新加坡,还是到巴西、北京,我都没有时间、可能也没兴趣去了解当地琳琅满目、花样百出的咖啡馆,更不可能特意

去问哪家咖啡馆的咖啡更好、更合我的口味。因此，如果一看到那里有星巴克，很自然，我肯定会去那里，因为我熟悉他们的咖啡单、他们的咖啡口味，一进去就知道要什么，就像在纽黑文的星巴克一样。换句话说，一旦纽黑文的星巴克把我变成了顾客，我就成了世界各地星巴克的顾客，伦敦、米兰、新加坡、香港的星巴克就不必对我做广告，我已经是他们的顾客了。

"但有一点很关键，就是人们在各地、各国间的流动要具规模、要频繁，也就是空运、高速公路等交通网络必须很发达，跨国旅行很方便。否则，这种跨地区、跨国间的品牌协同效果就很差，这就是为什么在全球化于 20 世纪 80 年代重新启动之前，即使有人想像舒尔茨先生这样去创办全球连锁咖啡馆，也难以成功。是全球化带来的跨国人口流动造就了星巴克，为星巴克节省许多广告开支，使它每卖一杯咖啡的边际成本很低。实际上，像我这样经常旅行的人也需要有这样的连锁咖啡馆，需要有这种方便。有了星巴克这种规模的全球咖啡馆之后，以往传统的咖啡馆日子就不好过了，它们正逐步被淘汰。

"另外一个因素是星巴克在纳斯达克上市。1992 年它的股票正式上市交易，也就是说，我们都可以通过买股票成为星巴克股东。许多人认为，向大众发行自己公司的股票只是一个融资事件，如果我的公司不需要资金，好像就不必上市。实际上，远不是这样，公司股票上市除了融资外，另一个同样重要的效果是巩固公司的品牌、增加公司的知名度。在 1992 年上市之前，星巴克只在美国西海岸有一定的知名度，其他地方的人不知道有这么一个咖啡馆公司，更不知道它的咖啡如何。但是，在准备上市的过程中，美国大大小小的媒体都在报道星巴克这个公司、介绍它的咖啡是如何如何好。这就好了，连还没喝过星巴克咖啡的人都好奇了，也想去尝尝，一下把星巴克咖啡变成时尚品了。股票上市之后，股价一天天上涨，这本身又使星巴克成为新闻的主角，使更多人对星巴克感到好奇。就这样，虽然星巴克没花钱做广告，其效果胜过广告。"

陈笛："原来是这样，怪不得像希尔顿、君悦、喜来登这样的连锁酒店也在世界各地都有呢，原来它们也是受益于全球化，它们将来的收入会进一步上升的，因为在各地旅行的人自然更喜欢已经熟悉的酒店。"

"你说得好，这就是为什么刚刚在美国上市的中国如家连锁酒店公司会有非常好的前景。中国各地的酒店到今天还基本都各自为政、相互独立，酒店名字也是五花八门，不知道到底哪家好。每次爸爸到中国旅游时，最痛苦的就是选酒店，很多酒店都说自己是四星、五星，但我根本不知道挑哪家好。所以，当我知道沈南鹏先生创办了如家连锁酒店，我立即就觉得他的判断真准！他公司的股票上市才 3 个多月，股价已翻了两倍多。

"星巴克的故事，不只是因为其商业模式才有意思，而且也因为创建该公司的舒尔茨先生是一个非常了不起的人。舒尔茨于 1953 年出生在纽约的布鲁克林区，这里是贫困区之一，他还有一个弟弟和一个妹妹。为了维持一家人的生活，他爸爸开过出租车和卡车，也在工厂干过苦力活，他妈妈没有工作，在家照顾小孩。由于家境困难，1956 年，他们一家搬进政府救济的公寓房，孩子们依靠政府福利补助长大。他上的小学、中学以及后来的大学都很一般，同学的家境也很穷。12 岁开始，舒尔茨每天早起送报纸，赚些钱给自己和家里用。之后，在上初中、高中时，经常在餐馆、制衣厂打工。为了赢得体育奖学金上大学，在中学他发奋踢美式橄榄球，后来得到北密歇根大学的奖学金，去那里上大学。在 1985 年创建星巴克之前和之后，他靠的都是自己的奋斗，而不是父母的遗产，更没有任何权势后台。

"靠自己的努力，舒尔茨这样一个家庭背景极普通的人也能在 1992 年，也就是他 39 岁时，成为亿万富翁，实现事业成功。陈笛，你知道，爸爸在湖南农村长大，家里没有财富，也没权势。像舒尔茨这样的个人故事总是让你爸爸由衷地敬佩，他是我心目中的英雄。在以私有制为基础的美国，由普通家庭出身而成为亿万富翁的个人故事很多，上次谈到的盖茨就是另一例，还有沃尔玛、戴尔电脑、英特尔、雅虎等公司的创始人也是这样。"

陈笛:"在美国,为什么普通家庭出身的人也能创业成功,成为亿万富翁呢?为什么沃尔玛公司能做得这么大?……"

说着说着,该是陈笛睡觉的时间了。
"好啦,该睡觉了,明天我们再说,好吧?"

第 3 课

老沃尔顿与他的沃尔玛

通过规模压低成本

沃尔玛（Walmart）的成功过程是另一个有意思的财富故事。过去近20年里，沃尔玛公司创始人——沃尔顿家族的财富一直排第一，远远超过盖茨和其他家族。比如，在2006年美国《福布斯》财富榜上，沃尔顿家族单个成员分别排第六、七、八、十和十一位，每位的财富都超过150亿美元，五位共拥有786亿美元，而单人排第一的盖茨只有530亿美元。创造这么大的财富数字，不是神话又是什么呢？

跟陈笛刚说起这些，她的问题就来了："为什么沃尔顿家族能有这么多财富？沃尔玛只是开平价超市连锁店，在这种传统行业里，怎么可能比微软更赚钱？"

我说："表面看，沃尔玛超市好像跟其他连锁店没什么区别。在你出生后的头几年，你妈妈经常要给你和姐姐买尿布、玩具、衣服，还有其他日用品。记得1994年你出生后，每年我们去中国时都要给你带上一大箱尿布。你知道这些是在哪里买的吗？"

第3课 老沃尔顿与他的沃尔玛：通过规模压低成本

陈笛："在沃尔玛？"

"是的，你那时太小，还不知道，我们家是沃尔玛的常客。现在，你也经常跟妈妈去那里，你说沃尔玛的特点是什么呢？

陈笛："东西总是很多，又很便宜，特别是日用品。"

"沃尔玛的口号是'天天平价'，以高质量、低价格把别的商店挤掉。但如果沃尔玛的价格总比别人低，那沃尔玛靠什么赚钱呢？我们以前讲过，微软每卖一份软件的边际成本几乎为零，但零售商没那么幸运，卖出的每件物品的成本不可能接近零，比如，他们肯定要花钱进货，还要雇用员工，支付运货成本、商场租金等等。所以，沃尔玛的商业性质跟微软不可能相同，赚钱的模式自然不一样。因此，为了做到'天天平价'，同时又要盈利，沃尔玛必须在成本上下功夫，要最大限度地压低成本，这样才可以让消费者得到好处。但，问题是如何压低成本？

"沃尔玛的最大特点是大批量采购货物，而且是直接从厂商采购，避开批发商。由于采购量巨大，它能把厂商的出货价格压到最低。沃尔玛是世界上最大的公司，最大的零售商，在全球有 5000 多家巨型超市，每周有 1 亿多顾客光顾其商店，2006 年的销售额是 3388 亿美元，相当于整个中国农林牧副渔业一年的收入，沃尔玛还雇用了150万员工。这几千家超市的货物由总公司统一采购，比如像鞋子，只要沃尔玛决定从哪家制鞋厂进货，那就是一年几亿双鞋的订单，那家制鞋公司就不用再找别的客户了，只为沃尔玛生产就够它发展增长了。正因为这样，沃尔玛就有充分的砍价能力。以最便宜的价格直接从厂商进货，不仅给沃尔玛开辟了很大的盈利空间，而且也让它有能力以低价跟别人竞争。所以，大批量从厂商直接采购，避开批发商，是沃尔玛压低成本、提高利润的主要策略。"

陈笛："如果是这样，沃尔玛的竞争对手不也可以通过规模压价吗？别人不是也能模仿吗？我长大后也可以去做。实际上，前不久，另一家连锁店公司Kmart破产了，它也有许多分店，为什么Kmart的规模没让它胜利呢？"

"这是很有意思的问题，的确有些不可思议。但如果我们看看沃尔玛的背景，或许能更好理解。其创始人沃尔顿先生于1918年出生在俄克拉荷马州的农村，家境极为普通，他从小放牛养马，挤过牛奶，养过兔子和鸽子。中学、大学时期，他靠在餐馆、商店打工赚钱上学。大学毕业后，他在一家连锁商店工作过两年，又于1941年至1945年当过兵。1945年至1962年间，在阿肯色州的农村，他通过加盟BenFranklin品牌开过多家连锁店,当时让他极其痛苦的问题有两个:一是他必须按很高的批发价进货,他的规模太小,得不到出厂价;二是像阿肯色农村这种边远的地方,人口少,市场小,没有批发商愿意往那里送货,沃尔顿必须自己想法安排货运,成本因此升高。

"就以今天中国农村的情况为例,农村人口稀少、收入又低,不仅银行和保险公司不愿意去,就连一般的平价超市也觉得那里没油水,不愿去。结果,收入低的农村反而得不到廉价商品。当时,美国农村也如此,一般认为,在人口少于5万的乡镇开平价商场,是不会盈利的,所以,那时的连锁超市都集中在城市,宁可在那里互相竞争砍价,也要避开乡村。沃尔顿先生反倒觉得乡村才有机会,因为那里竞争少,只要价格足够低,即可赢得市场。

"1962年,在阿肯色州的一个小镇,沃尔顿开了第一家'沃尔玛超市',以'天天平价'为基本立足点。随即,开始在其他小镇扩张。他只选那些没人去、人口在5000至25000之间的乡镇。那些小地方,不仅没有竞争,而且每开一家'沃尔玛超市',当地马上会家喻户晓,不需要额外花钱做广告,当地人自动会来,这当然节省成本。这也是沃尔玛的另一个成功秘诀。到1969年,沃尔玛共开了18家规模相当大的分店,全部在人口少于25000的小镇。到20世纪90年代,沃尔玛有1/3的超市都选择在这种没有竞争的小镇,在那里,它有相当强的定价权。有了这种优势做后盾，沃尔玛相对于对手的竞争力就强了。

"既然没有批发商愿意送货到阿肯色州的乡村，1964年开始，沃尔顿只好建自己的物流库存中心。虽然这是被迫的，但意外的收获是，沃尔玛从此可以避开中间批发商，直接跟生产厂商谈价、进货了。也就是说，沃尔玛从厂商进货到自己的物流中心，然后再运到各分店。随着沃尔玛规模的上升，它的砍价能力也直线上升，这使得沃尔玛的货价水平越来越低，竞争优势越来越强。"

陈笛："在这些大规模扩张中，沃尔玛的钱从哪里来？如果没有钱，它怎么能到处开新店呢？"

"这就得靠资本市场帮忙了。也就是说，看到沃尔玛的增长前景、竞争优势这么强，沃尔玛公司的股份自然有很多人想要，愿出高价买。为了得到更多资金做扩展，沃尔玛于1972年在纽约证券交易所上市，向大众投资者发行新股。从此以后，股票市场就成了沃尔玛发展的资金来源。"

陈笛："你说，沃尔顿家族因为创建沃尔玛而成为美国首富，今天拥有786亿美元。他们赚这么多财富，是应该的吗？是否有些过分呢？他们给社会的贡献在哪里？"

第3课 老沃尔顿与他的沃尔玛：通过规模压低成本

"沃尔顿给老百姓带来的好处既深远，又实在，因为他帮助数亿家庭节省了多少开支呀。比如，我们家就享受了许多好处，在你和姐姐小的时候，妈妈之所以喜欢去沃尔玛买尿布和日用品，就因为他们的总是最便宜，帮我们省钱。省下的钱有什么意义呢？意义大了，一方面可以给你们买更多的玩具和书，也可以让你们上更好的学校，或者多去旅游，或者去投资，或者买更大的房子。既然沃尔顿家族让千千万万的家庭省了这么多钱，他们赚些钱为什么不可以呢？他们的财富是社会给他们的回报。

"说到这点,也使我想起前一段在中国的一些争论,说沃尔玛在中国开了近 70 家分店,有意用特别低的平价在中国卖商品,目的是要把中国的零售商挤垮,让他们做不下去,有人说这是对中国经济的威胁……"

陈笛:"是呀,把中国的零售商店都挤垮之后,中国的这个行业怎么办呢?"

"这要看你站在哪边了,你是站在以高价卖货的零售商这边,还是站在要支付这种高价的千千万万消费者那一边呢?如果老百姓能从沃尔玛以更低价买到高质量的东西,那对中国社会、对中国经济不是更好吗?为什么要逼老百姓为中国零售商的低效埋单?中国不是有太多的沃尔玛、家乐福,而是还太少,需要更多竞争将零售价格压下去,让老百姓得到更多好处。说到底,市场不是慈善机构,不应该去养着那些低效的零售商。"

陈笛:"可是,这种竞争不是会把许多零售商、特别是把规模小的夫妻店挤得破产吗?这些人失业后怎么办?在学校,我们老师说,沃尔玛在过去三十年把许多杂货店挤垮,那些杂货店的进货价无法跟沃尔玛比。特别是在那些南方、中西部的小镇上,原来有许多夫妻杂货店,后来一个个被沃尔玛挤垮,许多人要么失业，要么去沃尔玛打工或另谋职业。"

"所以，沃尔玛带来的几乎是一场零售业革命，给消费者带来巨大好处，但也逼着许多人另谋职业，去其他行业重新寻找优势和特长。这就是奥地利经济学家熊彼特所讲的'创造性破坏'(creative destruction)。也就是说，沃尔玛把千千万万个小规模杂货店挤垮，这当然是一种破坏，破坏了原来以高价格、低效率著称的零售业秩序。按一般的理解，'破坏'是一个贬义词，可是，沃尔玛的破坏是一种'创造性破坏'，是褒义的，因为沃尔玛取代千千万万家杂货店之后，社会效率提高了，数亿家庭的生活费用降低了。这不是对社会的创造性贡献，是什么呢？"

1995 年夏第一次去中国时，陈笛只有半岁。从那以后，她每年在中国至少待两个月，她喜欢逛商店，也因此对中国的零售商店有不少印象。2006 年 9 月 15 日的这场讨论，让她看到中国零售业整合的商机，按她的说法，"中国有太多的小不点商店，都是可以整合的对象。"边说着，她便开始想着她的创业理念。我能猜到下次的话题该是什么了。

第 4 课

戴尔的成功秘诀

定制加直销的模式

1962年后，沃尔玛从根本上改变了美国零售业，也改变了美国人的日常生活。但是，就像美国所有的行业一样，有竞争就有不断的创新。1984年，又一种新商业模式出现，这次的创新者是当年才19岁的迈克尔·戴尔（Michael Dell），他是如此成功，连续多年在《福布斯》财富榜上排在前十位，2006年的财富为155亿美元，排名第九。

陈笛："在学校，老师说起过戴尔的故事，但并没讲到他的商业模式有什么不同。我不清楚戴尔是如何成功的。"

我说："戴尔的故事非常有意思，而且他的商业模式跟微软、星巴克、沃尔玛都不同。从某种意义上说，那也是时势造英雄，只不过是戴尔有商业天赋，超过别人抓住了商机。

"今天，个人电脑几乎家家有，人人有，你可能觉得人类自古就如此，可实际上其发展历史很短。电脑本身起源于第二次世界大战，起初只是专业用的电脑，没有大众化的个人或家庭电脑。1977 年，苹果公司推出一种基于视窗界面的电脑，大大提高其可用性，便于普及，成为第一代个人电脑。

"1981 年，IBM 也进入个人电脑市场，推出第一代 IBM 个人电脑。由于 IBM 是计算机行业的龙头，历来以制造大型计算机而出名，它的进入即标志个人电脑走上正式舞台。当时，IBM 的个人电脑商业模式是自己设计、制造，部分产品由自己的销售团队直销给大公司客户，但更多的是通过零售渠道向中小企业、个人用户销售。

"不过，IBM 公司太大，大型计算机是主业，对个人电脑的推销力度总是有限，难以两者兼顾。相比之下，1982 年新成立的康柏计算机公司则没有历史包袱，只从事个人电脑的制造和销售，轻装上阵，很快赶上 IBM 的个人电脑销售量，成为该行业的老大。

"但是，由于 IBM 和康柏公司都是通过零售店销售电脑，这种商业模式成本很高。"

戴尔的机遇

陈笛："你的意思是说，他们把电脑装好，运到像中国国美电器这样的商店，由这些商店代理出售。这种代销模式不是很普遍吗？沃尔玛好像也是代理厂商销售，不也很成功吗？"

"的确如此，只不过成本太高。第一，从组装电脑到销售、到拿到现金，这中间的时间太长。也就是说，IBM造好电脑后，先在仓库放着，再运到各地商店，由于商店收货后往往不能马上卖掉，要租地方存放。不仅库存空间需要支付成本，而且要用大量流动资金支持货物的储备，资本成本会不低。第二，电脑技术变化很快，库存时间越长，技术过时的可能性越高，折价和报损的程度会很高，这又会增加成本。第三，由于是通过商店出售，店面本身又需要成本，所以，电脑制造商需要给代理商不低的分成佣金。结果，不仅IBM、康柏的盈利空间受限，而且使电脑价格太高，不利于个人电脑需求的增长。

"戴尔电脑公司的机会就是这么来的。戴尔出生在德克萨斯州。15岁时，他出于好奇，买了台苹果电脑搬回家，他把新电脑拆了，试试自己能否再装好，结果试成了。没想到的是，那次经历铺下了他的致富之路。1983年，戴尔18岁，是德克萨斯州立大学一年级学生。那年，他成立了自己的公司，白天上学，晚上与周末帮其他公司更新个人电脑操作系统，随着业务的扩展，他开始雇用员工。到1985年，在他还是大学二年级学生时，他的公司收入已达600万美元。

"也是在1985年，戴尔发现IBM、康柏的商业模式过于呆板，既不能根据用户的需要为用户量体裁衣组装电脑，同时资金周转速度太慢，库存电脑太久、太多，零售店面占用太多，成本

第4课 戴尔的成功秘诀：定制加直销的模式

过高。那年，戴尔公司改做电脑，其模式是'先拿到客户订单，收到钱，再组装电脑，然后发货'。也就是说，你先打电话下订单，告诉他们你所要的电脑配置、存储器大小等，交好钱，然后戴尔电脑公司才开始组装，装好后寄到你家里。

"这样，戴尔不需要太多流动资金，没有库存，没有零售店面成本，更没有电脑技术过时的风险，因此也没有降价风险。既有满足用户需求的灵活性，又大大降低成本，这使戴尔有很大的砍价空间，即使他卖的电脑比IBM、康柏的便宜很多，公司也照样能盈利，而同样的价格在IBM、康柏却有可能亏损。

你说,有了这种'定制加直销'模式,戴尔不胜出才怪呢,是不是?"

陈笛:"听起来不错,看来戴尔跟沃尔玛、星巴克、微软一样,都是除了创新以外,还在成本上下功夫,甚至创新就是为降低成本。"

"对,降低成本是企业经营的核心之一。要么有技术优势,要么有成本优势,当然最好两者都有。有意思的是,虽然戴尔的电脑业务于1985年才开始,到年底,他的销售额已达7000万美元,1990年的销售额为5亿美元。到1999年,戴尔电脑超过IBM、康柏、惠普成为最大的个人电脑商。对于客户而言,他们不仅可以根据个人需要定制电脑,付出的价格也最低,而且一有问题,还能直接跟制造商交涉,而不是与零售商打交道,这很有吸引力。

"戴尔的'定制加直销'非常成功。比如,在20世纪90年代中期,它的平均库存时间在6到13天,而竞争对手的库存时间为75至100天。电脑淘汰速度、降价速度一直很快,这种库存时间优势对戴尔的成功极为关键。"

陈笛:"如果直销模式这么节约成本,为什么还有沃尔玛等

第 4 课　戴尔的成功秘诀：定制加直销的模式

零售商店呢？它们不都可以模仿戴尔吗？"

"这跟特定产品的标准化程度有关，标准化程度越高、越成熟、越简单的产品，越便于做直销。个人电脑到 1985 年已具备这些特点，已相当标准化。但是，有很多东西是非常个性化的，比如时装，还有汽车、食物等许多商品，可能难以直销，一般人都喜欢看一眼、试一下才决定买不买。所以，零售商店不可能被淘汰，总会有市场，只是人们必须为此多付一些钱。

"戴尔的'定制加直销'模式还有其他优势。实际上，它特像中国的房地产模式，开发商在盖楼房之前，就把房子预售给客户，先得到购房款，然后再用这些钱盖房，这样，不仅开发商自己不需要多少本钱，而且拿到这些购房款后，还可以把钱存在银行先赚利息，或者做别的投资，大大提高利润空间。戴尔在大学时，没有本钱就能开公司，道理也在于此。"

为什么读书？

陈笛："有一点我不明白，你说过，戴尔在 1985 年，也就是在大二时，退学不读书了。好像盖茨以及他的搭档——保罗·艾伦也没念完大学，就退学办公司了，香港首富李嘉诚也没上几天学。妈妈不是说读书很重要，否则不会有出息吗？但他们为什么那么成功，都是亿万富翁呢？"

"从表面看，好像是这样。但是，对多数人来说，不一定从小就知道自己对什么最感兴趣、自己要立志一辈子做什么，也不一定知道自己最适合做什么工作。所以，多数人需要接受小学、中学、大学这一系列规范化的教育，通过这些教育，一方面学会做人，知道社会的过去、今天和明天；另一方面，也给每个人时间和机会，去了解自己到底想做什么，对什么感兴趣，并学会一些谋生的技能等等。当然，并不是每个大学毕业生必然比没上过大学的人更成功，同样的，也不是每个没上过大学的人必然不会成功。上大学，接受好的教育，只不过增加让自己成功、让自己过好生活的几率，并不能保证任何东西。

"像戴尔、盖茨、艾伦，他们从小就对电脑着迷，中学时，就把电脑技术的方方面面了解很透，他们去当地大学旁听电脑课、去计算机房实习，在进入大学前已经把大学相关内容学透了。自学有时能达到'一日胜读十年书'的效果。所以，课堂只是学习的一种方式，自学看书，或以其他方式学习，也是可行的。不过，对多数人，大学这种有组织的系统学习可能是最有效的方式。就像制造业工厂一样，大学能达到规模效果，是系统产出，是批量生产。"

对中国家长来说，我们习惯于认为"唯有读书高"，所以，对后代，不管三七二十一，总要他们学位一个接一个地拿，最好是拿到博士学位或更高。为什么大家只顾追求学位，不太管自己小孩到底喜欢做什么、适合做什么呢？并不是每个人只有拿到博士学位、学问做深了才算幸福。

一种可能的解释是中国历史上的科举制，"学而优则仕"，只有读好书才能做官。到如今，同样需要通过学位这种硬指标，来证明每个人的能力，离开学位就无法客观判断了。于是，为了适应这种社会，大家只好盲目追求学位，不管这些学位有没有用、适不适合自己的小孩——片面追求学位当然过于机械，但面对现实又不得不为之。

可是，在美国这种社会里，公司和财产都是私人的，只要你能创业，办自己的公司，能创造价值，你就不需要通过学位证书向任何人证明你的能力，你就是自己的老板。有没有上过正规大学，这不重要，重要的是你的真实能力。所以，在美国，就有戴尔、盖茨、艾伦这些没上完大学但极端出色的个人故事，父母也没必要逼着小孩没完没了地追求学位，浪费掉许多青春年华。

第 5 课

我想开糖果连锁店

"己所不欲,勿施于人"的商业原则

谈过微软、星巴克、沃尔玛和戴尔的故事后，给陈笛印象最深的，莫过于这些公司的"大规模"和它们大量的客户群，还有就是它们通过规模扩张，能以"大"来压低进货价格，把每笔销售的边际成本降到最低。晚上和早晨，我们谈着这些商业模式故事，白天在学校，她也在想着自己如何学他们，也创业。

陈笛的创业想法

陈笛："爸爸，我有个想法，长大后，我想去中国开糖果连锁店，在每个幼儿园、小学的门口开一家分店，专门选择在那些小朋友都能看到的地方开。我要把糖果设计、包装得很可爱，让那些小朋友看到后，都忍不住要买。这样，我既可以像星巴克那样在最显眼的地方开店，又能像沃尔玛那样降低进货成本。"

我说："你这想法不错，抓住了他们成功的一些要点。中国的幼儿园、小学真多，学生更多，市场当然很大。可是，你

第 5 课　我想开糖果连锁店："己所不欲，勿施于人"的商业原则

真的要卖这么多糖给小朋友们吗？要知道，他们吃糖多了，不仅会坏牙齿，而且会长胖，改变吃正常食物的胃口，影响健康。难道这是你想看到的后果？"

陈笛："吃糖会不会长胖，这是小朋友自己的事。我不管，我只想赚钱。"

"不过，赚钱也得考虑商业伦理，讲道德。比如说，贩毒肯定赚钱，让人一个个吸毒上瘾，然后不管你把价格抬多高，他们都不得不买。但是，你知道，这样做会很不道德，也违法，

049

还会让一些家庭倾家荡产,让他们的小孩没钱上学。而像沃尔顿创办沃尔玛,通过'天天平价',帮千千万万个家庭省钱,给他们带来方便,他这样做的回报是自己成了亿万富翁;戴尔给人们带来的不只是更便宜的电脑,而且让消费者可以根据个人需要选择电脑组合,他也因此致富。所以,有两种赚钱的方式,一种是损人利己,或者说,是靠损害别人让自己赚钱;一种是让别人受益,自己也赚钱。"

陈笛:"那星巴克呢?你每天去星巴克喝咖啡,对你的身体好吗?如果不好,为什么星巴克还开这么多分店,卖给你咖啡呢?他们不也是有商业伦理问题?"

"咖啡对身体好不好,这还是一个有争议的问题。你说得很好,能想到这些本身就不错。当然,星巴克跟你要开的糖果连锁店有差别。星巴克咖啡的消费者基本是成年人,如果他们知道咖啡有害还照样去喝,那他们就该责任自负,有了不良后果,星巴克的责任或许可以免掉,因为对于喝咖啡的人,即使没有星巴克,他们可能还会去别的店。相比之下,小朋友就不一样,他们还很小,分辨好坏、善恶的能力很低,自制力有限。在这种情况下,成年人有责任避免钻小朋友的空子,更别提专门利用小朋友的弱点发不义之财了。"

第 5 课 我想开糖果连锁店:"己所不欲,勿施于人"的商业原则

陈笛:"可是,糖果店应该跟星巴克类似,因为小朋友爱吃糖,即使我不在他们学校门口开糖果店,他们也会去别处买糖。是我卖给他们,还是别人卖给他们,效果不都一样吗?更何况我能把糖果做得更好、更便宜。"

"妈妈限制你吃糖的次数,也不让你和姐姐一次吃太多,特别是不让你们饭前吃糖,因为这影响食欲。你已经知道,多吃糖不是件好事,如果还要想法去让其他小朋友吃糖上瘾,这就是伦理道德的问题。孔子说,'己所不欲,勿施于人',意思是,连自己都不愿做或知道不该做的事,就不要施加于别人。

"实际上,1839 至 1842 年,中国跟英国的鸦片战争就是这样,一方面,英国在其境内严禁鸦片,在英格兰、苏格兰、爱尔兰都有法律明文禁止,他们知道鸦片是毒品;另一方面,英国东印度公司又从印度大量贩运鸦片卖给中国人,让成千上万的中国人吸毒上瘾。"

18、19 世纪东印度公司的鸦片贸易

陈笛:"我们老师讲到过东印度公司,也谈过鸦片战争的事,那发生在美国革命战争之后吧?"

"是的。美国于1776年从英国统治下独立，当然还有从1775到1783年的美国革命战争，也叫美国独立战争，那些事件的确是中英鸦片战争的前奏。本来，位于北美的十三个殖民地，也就是美国的前身，对英国很重要，特别是那时，工业革命正在英国兴起，纺织机械化以后需要从美洲进口棉花，而由于英国人口当时只有1000万左右，生产出来的大量的棉布，英国人用不了，必须找出口市场。本来，从棉花原料到棉布出口，都可依赖在北美的殖民地，可是，美国在1776年要独立了，对英国打击很大，逼着英国在亚洲找市场。而在亚洲，中国和印度人口最多，是最理想的出口目标市场。

"当然，有一点背景需要知道，在那时候，国家之间的贸易无法以纸币支付。比如，今天，美国公司到中国做进出口，可以付美元现金，纸币就行，因为各国间讲信用，整个世界更文明，更有秩序了，所以，中国人能相信美国的纸币，美国人也相信中国的人民币。但是，在18、19世纪还不是这样，那时，中国人、印度人不认外国钞票，英国人也不会认中国、印度的货币，各国之间只认黄金、白银做支付手段，或认实物。

"总之，美国独立之后，英国感到北美作为其外贸市场越来越不可靠，必须在人口更多的亚洲开拓市场，中国和印度自然是理想的地方。"

第5课 我想开糖果连锁店："己所不欲，勿施于人"的商业原则

陈笛："是呀，当时，中国和印度的人口占世界一多半，英国的制造品往那里出口，不是很好吗？这也能促进中国产品出口到西欧。"

"从 1760 年至 1800 年 的四十年里，中英贸易发展特别快，贸易额翻了十倍，主要依靠东印度公司在其间运输。但这也带来两方面的挑战。首先，当时的中国正处在乾隆盛世，没兴趣扩大跟外国人的交往，只许英国人在广州做贸易。为了巩固、扩大中英贸易关系，英国于 1793 年派特使马戛尔尼，率高厄勋爵、斯坦登爵士、麦金吐司船主及随从 700 余人组成使团，前往中国，向乾隆皇帝祝寿，但主要是商谈'港口通商'问题，希望与中国建立正式、稳定的贸易关系。可是，后来因为磕头礼的问题，引发中英两方争议，也就是说，中方认为乾隆是天下的皇帝，所有人前往必须行叩头礼，要趴在地上叩十几次头；但马戛尔尼认为，这不可能，因为在英国即使见国王，也没有叩头礼，更何况他作为英国人，只有在英国国王面前才会下跪。争执之下，乾隆皇帝认为，不行叩头礼是天大的冒犯。结果，整个访问不欢而散，乾隆朝廷拒绝与英方就贸易问题进行任何谈判，从此中断了中英两方的正式沟通渠道，为后来的鸦片战争埋下了种子。

"其次是贸易支付手段问题。刚才讲过，那时的跨国贸易只

能以实物、金银支付，没人要钞票。到18世纪末，中国出口的80%到90%是茶叶，10%至20%为丝绸，而当时，中国基本不从国外进口货物，英国试过向中国出口机制棉布，但中国人不喜欢。所以，到18世纪末之前，东印度公司主要以银子换中国茶叶和丝绸，中国因此进口很多银子。问题是，美国于1776年独立后，英国越来越无法依赖来自美洲的银子。但如果没有足够的银子，拿什么来付给中国的茶商、丝绸商呢？随着从中国进口的茶叶越来越多，英国的这个问题日益严重。"

陈笛："我们的老师说，18世纪，英国通过'三角贸易'获得银子：英国货船先从本土装上制造品、烈酒等物品，运到非洲海岸卖掉，完成第一笔交易；再用得到的钱买下非洲黑人，装上船，运到中美洲如墨西哥等地，卖给那里的农场主做奴隶，得到当地盛产的白银，即完成第二笔交易；这些收入一部分用来购买美洲白糖、棉花、咖啡，运回英国再卖掉，剩下的以银子形式运回英国，即完成第三笔交易。照你这么说，当时的这些美洲白银，对英国在亚洲的贸易很重要了？"

"在英国、非洲与美洲间的'三角贸易',是另一个赚'坏钱'的例子，贩卖非洲人当时很赚钱，但是不道德。1807年，英国和美国通过法律，严禁贩卖人口做奴隶。可是，在这种'三角贸易'受阻之前,英国公司的银子就已经吃紧,美洲银路受挫后,英国当然更难找到那么多银子去中国购买茶叶、丝绸。

"在18世纪末,东印度公司形成了一个新的'三角贸易',即英国、印度与中国的三角贸易圈。东印度公司的货船从英国装上制造品,运到印度卖掉,再装上印度盛产的鸦片,然后,运到广东沿岸,把鸦片在中国卖掉,换成茶叶、丝绸,装上船运回英国,就这样完成整个英、印、中的'三角贸易'。换句话说,正因为有了印度的鸦片,才大大减轻了英国公司的银两支付压力,不用银子支付,而是用鸦片换茶叶、丝绸。解决了跨国贸易的支付问题后,中国的茶叶与丝绸出口量当然猛增,但同时进入中国的鸦片也大增。1730年中国进口鸦片15吨,1773年增长到75吨,到1820年升至900吨。"

鸦片战争

陈笛:"既然鸦片能替代银子,促进外贸发展,给中国茶农、丝绸商更多赚钱机会,这很好啊。当时的国际秩序下,这可能是合理的安排,让大家都赚钱。"

"但是,鸦片是毒品,随着鸦片进口量的增加,太多中国人吸鸦片上瘾了,一天没鸦片就没法活了。所以从19世纪初开始,鸦片进口已不再是帮助解决外贸支付问题，而是为了满足不可收拾的毒瘾，毒瘾开始毁灭中国人的意志。到 1834 年，鸦片年进口量已超过 1400 吨，中国的茶叶与丝绸出口已远不够支付进口鸦片的钱，中国的银子开始大量流出。

"1839 年，道光皇帝派林则徐前往广州禁烟。林则徐到广州后，立即执行禁令，把大量鸦片扔进大海。那年，林则徐发函质问英国女王，为什么英国明知道鸦片对人体有害，在其本土、爱尔兰以及苏格兰禁止鸦片销售，却把大量鸦片贩卖到中国？为什么他们为了赚钱可以这么没有道德，采用双重标准？

"之后，英国政府并没回应鸦片贸易的道德问题，而是指责中国将约 300 万磅的鸦片扔进大海，损害了英国的私人财产。随即，英国派出皇家海军，东印度公司从印度派出其舰队，于 1840 年 6 月抵达广东沿海，开始所谓的'鸦片战争'。由于英国海军在当时世界上所向无敌，很快击败清朝军队。作为停战条件，清政府跟英国签署了丧权辱国的《南京条约》，割地赔款。"

陈笛："鸦片战争的背景原来是这样。不过，你说过鸦片战争是近代中国历史的分水岭事件，是中国现代化、对外开放的起点，那不是也具有正面意义吗？"

"鸦片战争的负面意义在于当年大英帝国的不仁与霸道，在

第5课 我想开糖果连锁店:"己所不欲,勿施于人"的商业原则

于它对中国主权的侵略,在于它'不管好钱、坏钱,是钱就赚'的一面。从更长的历史视角看,那次战争以及其结局也有积极的一面,逼着中国开放了,让中国接触世界,加入全球体系,走向现代化。试想,如果 1793 年马戛尔尼访问中国时,乾隆皇帝和朝廷大臣们能够有开放的眼光,而不是封闭自大,如果那次能积极利用英国与中国贸易的愿望,努力建立某种双赢的贸易体系,那么,鸦片贸易或许不至于走到那种地步。由于当时中国对世界不够了解,世界也不了解中国,在那种情况下,任何矛盾和误解都可能导致武力冲突。那次战败给中国社会带来巨大的冲击,迫使社会精英谋求自强,迫使中国朝野正视世界。可以说,如果没有那场危机,或许就没有你爸爸到美国来了,中国和世界也可能是另一种样子。"

陈笛:"东印度公司贩卖鸦片赚钱,这当然是极端的为富不仁行为,但是,在许多情况下,商业伦理可能难以判断。特别是,既然我能通过卖某种东西赚钱,说明我卖的东西满足了别人的某种需求,他们的需求到底是好是坏,这不关我的事,是他们自己的事。满足了他们的需求,不就是对社会的贡献吗?"

"实际上,我们可以按照'己所不欲,勿施于人'的原则去判断。在我们家里不能做、不能用、不能多吃的东西,就不要

想法鼓励别人去做、去用、去多吃。"

当然，我跟陈笛关于商业伦理的讨论，到今天还没结束，看来这不是一两天的事。她认为"我只管赚钱"，而我说，赚的钱可能是好的，也可能是坏的，既然有两种钱可赚，既然有选择，为什么还要去赚不道德的钱呢？

第 6 课

我要办电力公司

政府管制与行业发展

美国式商业模式的最大诀窍其实很简单，就是专门找人们每天要用、要吃或者要住的东西来进行生产和销售。最好是每天要换个样、每天要几件或多次重复需要的东西，你如果生产、销售这种商品，市场潜力就大得不得了。特别是像中国有13亿人，任何人每天要用的东西，都隐藏着巨大的商机。市场规模和生产规模两者既互相联系，又不完全一样，但这基本是美国两百年商业史的核心，也是中国正在发生的商业革命的要点。

跟陈笛讲了微软、星巴克、沃尔玛等企业的商业模式之后，她基本领悟到了这些道理，也让她不断思考她自己的亿万富翁梦。上次在中国开糖果连锁店的想法被我否决后，她就在另找其他的主意。

一天晚上，陈笛说："爸爸，我今后要办电力公司！"

"为什么要办电力公司呢？"

第6课 我要办电力公司：政府管制与行业发展

陈笛："你看，人人每天都用电，电不就是你说的最有市场规模的消费品、日用品吗？所以，办电力公司，给家家户户提供电，那一定很赚钱！"

"电的确是人人都用，而且现在几乎没有电就无法生活了。这是个好主意。但是，有一点你得知道，就是世界上几乎所有国家都对电价进行管制，把电价定得不高不低，让电力公司的资本一年正好有10%左右的回报率。所以，如果你要办电力公司，赚大钱的机会很有限。"

陈笛："为什么政府要管制电价呢？这没有道理吧。"

"这是一个很有意思的问题。一种原因是，几乎所有国家都有一些思潮，认为越是涉及老百姓日常生活、涉及民生的东西，政府越要管制，说是怕市场上那些唯利是图的商人乱要价，让老百姓受不了。不过，在许多情况下，只要市场的竞争充分、不受阻扰，政府过多管制可能帮倒忙，因为太多政府管制、特别是那些错位的管制反而会大大降低商品或服务的供给量，结果反倒使价格上升。比如中国的房地产，你妈妈总说要在北京买房，但我觉得北京房价太贵，要她等些年，可是越等越贵了。原因就是，政府想要通过调控土地供应、规范房地产开发商等等，来把房价压下，这样让更多人能买房子，可实际结果呢？政府越调控，房价涨得越高。人为调控的结果是，市场上的房子供应越来越少了，而想要买房的人不断在增加。这种需求增加的情况，就像你们小朋友都喜欢新的 iPod，大家都想买，假如这时候苹果公司还减少生产，那结果 iPod 的价格会更高还是更低呢？"

陈笛："当然会更高，因为产品更吃香了。"

"这种思路实际上影响到很多领域。比如，大米直接关系到人民大众的生活，政府就管制大米的价格，把米价压得很低。虽然这表面上让城市人受益，但却压抑了农民种粮食的积极性。米价太低，有谁还愿意生产粮食？管制会抑制供给。"

陈笛："可是，这并不能说明为什么电价就该受政府管制。电力市场跟房地产市场难道是一样吗？"

"当然，像房地产这样的市场，如果政府不控制土地供应、不控制房地产商，这应该是一个充分竞争的市场。只要没有垄断剥削，就不该由政府来插手。但是，电力市场可能有差别，主要原因是，一旦一家电力公司将电网线路接到我们家门口，这家公司就拥有该电力线路，也就拥有了我们家作为它的客户，于是，其他公司不可能来了，至少没有太多别的公司再愿花钱另铺新电线到我们家。因此，第一家公司就独占我们家，使我们成了它的固定客户，我们差不多别无选择。按经济学的话说，这家公司对我们家有某些自然垄断，他们就可以对我们随便提高电价。按中国的话说，这些电力公司一旦拥有我们，它们即可'关起门来打狗'，我们就只能听任这些电力公司摆布。"

陈笛："对电力公司来说，这不是很好吗？它们就能赚大钱了！"

"不过，问题也出在这里。由于电力公司的相对垄断地位，在20世纪30年代开始到20世纪80年代后期之前，美国电价一直由各州政府自己管制，每个州都有电力管制委员会，专门负责定电价。起初，电价完全由政府根据发电成本加一年10%左右的投资回报决定；20世纪80年代后，各州已将电价放开浮动，但有一定的价格区间。"

陈笛："这样做不是让电力公司赚不到钱了？我真恨政府管制！如果亏损由电力公司承担，而赚钱的空间又被政府卡死，那谁还愿意去投资兴办电力企业？"

063

"的确是这样,过去这些年,电力行业难有太多技术创新。只要电力公司的利润空间有限,它们投资进行新技术开发的动力就不大,潜在投资者也不愿意进来,所以,过去很多年,大家都把电力行业投资看成稳定性的,而不是高风险、高回报的投资领域。电价管制的结果,是抑制了对新技术的投入。直到最近几年,能源价格、电力价格被放松管制了,能源危机感也来了,就像你们老师在学校讲的那样,终于有新的风险资本进入新能源技术开发领域了。"

第6课 我要办电力公司：政府管制与行业发展

陈笛："你说的风险资本是什么意思？"

"风险资本是指愿意承担很高创业风险的投资，有时也叫创业投资资本。特别是对新技术的投资，可能十个投资项目，有八九个失败，风险很大。所以，对风险资本来说，是否能有非常高、甚至超常高的回报，非常非常关键。否则，如果投资回报被政府规定不超过10%或15%，谁还愿意去冒险创业、冒险做技术创新呢？"

陈笛："再回到垄断这个话题。我在想，难道由政府管制价格，或者由政府去经营，垄断就不会对老百姓构成威胁了吗？万一政府经营后也利用垄断乱涨价，怎么办？"

"说得对。实际上，中国就有很多这种情况。比如，我们在中国使用的手机服务都是中国移动的，中国移动和中国联通是两家国有企业，他们绝对垄断中国的无线电话服务，掌握绝对的定价权。我最早在2001年就买了中国移动的手机，到今天已六年多，可每分钟的话费还基本为六毛钱，有些服务价格下降了一点，但总体上，这么多年价格没降。而相比之下，由于其他国家的电信公司多为私营企业，有许多竞争，所以，在这六年间，几乎所有其他国家的电信价格都大幅度下降。还有就是中国石油公司，也是国有垄断。由国家监管跟由国家以营利为目的经营，这是两种截然不同的安排。如果国家既作为经营者、又作为规则制定者和执行者，三种角色混在一起，结果只会对老百姓更糟糕。"

陈笛："这么说，如果有国有企业在的行业，我就不能往那个行业钻了，因为如果我还进去，我将来的企业怎么能跟国有企业在同一条线上竞争呢？看来，如果在美国做电力行业，电价和盈利空间会受政府管制，因此，吸引力不大。而如果在中国做这一行业，就更不好做了。"

跟陈笛的一席对话，当然让她有些失望。她意识到，涉及基本民生的行业，虽然规模和潜力都大，但所牵涉的政治因素也会太复杂，特别是那些已经很成熟的民生行业，会有太多既定的条框，让任何新手进入都难。

不过，一年多以前，我们参与了一个太阳能公司的投资，虽然股份很少，但出于陈笛对能源行业的兴趣，这个太阳能公司的事情以及上市后股票行情的变化，倒为我们进一步讨论提供了基础。这次谈话让我吃惊的不是别的，而是她对政府监管有一种本能的反感，看来长大后，她也会是一位天生的自由市场人物。虽然她才12岁，但对人的趋利本性，却有一种极其自然的领悟。

第 7 课

如何让员工心疼公司的钱

产权制度与激励机制

这家名叫 Dunkin' Donuts 的连锁店，专卖早餐面点、咖啡和其他饮料，光带甜味的烤面包就有 50 多种。从 1950 年创办到现在，在美国和其他国家已有 7000 多家加盟店，每天客流有 300 多万人。Dunkin' Donuts 跟星巴克在商业模式上特别相似，在全球的渗透面几乎同样广泛。它的市场定位是社会的中低层，是一般大众，所以，饮料的价格较低；而星巴克的定位高，咖啡饮料价格相比要高得多，而且它的分店主要在高档社区、高档商业中心和办公楼。

对于多数服务业公司而言，运营管理、员工管理是决定其成败的关键之关键。像 Dunkin' Donuts 这么庞大的跨国公司，特别是它许多分店都在极为普通的社区，甚至在不太安全的贫民窟，员工素质也常常很一般，所以，如何管理其品牌和庞大的公司组织，不会是件容易的事。

过去几年，不知不觉地我也喜欢上了它们的面饼，这里也成了我和陈笛经常光顾的地方。2007 年 2 月 18 日早晨，我开车带陈笛去附近的一家 Dunkin' Donuts 分店。那天，我们比较

第 7 课　如何让员工心疼公司的钱：产权制度与激励机制

懒，不愿下车，就坐在车里点了所要的东西，我要一杯咖啡和一个鸡蛋与奶酪夹饼，她要了半打叫作"Munchkins"的炸面球。Munchkins 是美国人对小朋友的昵称，就像我们中国人喜欢把小孩叫"小不点"一样，所以，称这种小面球为 Munchkins 有一语双关的效果。一个 Munchkins，一口即可吃完。

等我们交了钱，拿到东西，陈笛看看袋子装的，就说："爸爸，你看，她们又给了 10 个，我们只付钱买 6 个，可她们还像上次那样，多给我 4 个。"

"是不是她们喜欢你，为了让你高兴，多给你几个？人家是好意吧。"

陈笛："也许是。不过，这店子不是她们自己的，她们多给少给都无所谓。等以后我办自己的公司时，绝对不会允许我的员工这样无所谓！"

"为什么你觉得她们会无所谓呢？"

陈笛："因为反正公司赚不赚钱，跟她们没关系，她们拿到工资就行了。人为自己干活与为别人干活就是不一样，为自己干活会处处仔细认真的，也不会浪费。"

"你这个观察很好，很到位！人们常说，花别人的钱不心疼，只有花自己的钱才心疼！这种现象在世界各国的国有企业中表现得更突出和普遍。"

国有企业的弊病

陈笛："我不明白，为什么会有国有企业？企业由国家或政府所有，不等于是不归任何人所有了吗？谁还会在乎这些公司经营的好坏，亏损还是盈利？这些国有企业的员工肯定像Dunkin' Donuts的员工一样，工作起来无所谓。"

第 7 课 如何让员工心疼公司的钱：产权制度与激励机制

"实际的经历的确像你说的那样。在中国，20 世纪 50 年代开始了国有化运动，几乎把所有土地、生产性财产都收归国有，变成国有企业、国有银行、国有土地，等等。中国经济国有化之后，从 20 世纪 60 年代开始，特别是到 20 世纪 70 年代头半期，国有企业出现大规模亏损，使中国人的收入、经济状况降到低谷。爸爸在 1974 至 1979 年读初高中时，每顿饭不到三两米，除了白菜、南瓜外，也没什么菜吃，吃了上顿盼下顿，总是处于半饥饿状态，或许这就是为什么爸爸身高才一米七。即使对于那时已参加工作的你大伯他们，也是四个月的工资才够买一辆自行车，或一块手表。在农村，你爷爷下地干活一天只够买一只鸡蛋，五天才够买一斤肉或一斤鱼。1978 年，中国国有经济到了非改革不可的地步，终于开始了改革开放，重新允许民营企业发展，使中国经济得到快速壮大。

"不仅中国，几乎所有国家在第二次世界大战之后都实验过国有企业，由国家拥有并自己经营企业。比如，奥地利在二战期间被德国占领，1945 年二战结束后，德国在奥地利建设的军工厂、银行、基础设施都被奥地利没收，这些资产就成了奥地利的国有企业基础，使奥地利从此有了较高的国有经济成分，1951 年时其国企产出占全国的 22%。到 1985 年，奥地利国有企业出现了前所未有的危机，当年的亏损超过了 1946 年到 1984 年间所有国有企业的红利总和，从而引出争论，是否还要国有企业？1987年奥地利首试民营化，1993年议会通过法案正式把私有化作为主要方针。"

陈笛："那么，到今天，世界各地的国有企业还多吗？"

"在过去二十几年，从20世纪80年代初英国的撒切尔夫人和美国的里根开始，世界范围出现全面的私有化运动。首先是英国于1982年的私有化，随后1985年有意大利和马来西亚，1986年有包括日本在内的4国，1987年有2国，1988年和1989年分别有9个和10个国家，到1994年最多时有13个国家开始民营化等等。过去这些年里，有120多个国家在进行大规模的国有企业私有化。正是这些全球范围内的私有化运动，使得跨国贸易自1980年后有大步发展，从根本上推动了全球化的进程。应该说，爸爸在1986年到美国来读书，也是得益于这次全球走向开放、走向私有制为基础的市场经济模式。在这个背景下，各国间的人流、物流出现空前的增长，使世界向着同质社会进步。"

私有经济与国有经济

陈笛："可是，有一点我不明白，'花自己的钱心疼''为自己赚钱最卖力'等，这些东西都是常识，为什么还有这么多国家都去实验国有制？"

"这当然有复杂的历史背景，应该说在全球范围内，私有制在历史上是人类社会的主要形态，连动物都有很强的私有财产和别家财产的区分。比如，我们家的小狗，也就是你的 Curly Top，每次有别家狗或人走近我们家时，Curly Top 就会觉得那是对它的私有领地的侵犯，它就会奋不顾身地狂叫，而且对方走得越近，Curly Top 叫得越凶，说明我们家的 Curly Top 也对它的和别家的区分得很清楚。所以，你说得很对，人和动物都对私有的和别家的东西区分得很清楚，对属于自己的，保护程度、投入的心血以及爱的程度会极高；而对别家的，就无所谓。因此，一点不奇怪，国有经济现象很晚才出现。

"就中国而言，'国营'至少可追溯到 11 世纪宋朝的'王安石变法'。在王的倡导下，由国家直接经营粮、茶、盐、牛马交易等商业，使政府成为直接的经营者，与民争利。但是，那次实验只持续了十几年。近代鸦片战争后，'国营'理念在'富国强兵'的洋务运动中重新出台。比如，1865 年的江南制造局，就是由政府出资建立的。但即使在晚清洋务运动期间，人们对纯粹的'国营'也是多有警惕、提防。比如，当时的红顶商人盛宣怀，在 19 世纪 70 年代论及煤铁矿务、航运企业的创建时就说,'责之官办,而官不能积久无弊','若非商为经营,无以持久',意思是说,如果由政府官员办企业,是做不久的,因为官员追求的目的是升官,这与企业的长久兴盛相背离;而商人的目的是为了发财,所以商人的动机与企业的长久兴盛完全一致。最后,清朝官员采用了所谓'官督商办'的形式,就是由政府担任监督的角色,而实际的企业经营和所有权还是留给民间商人。所以,至少在晚清,还并没把国家推到'创业者'和直接'经营者'的位置上,这背后当然有你说到的原因。实际上,德国、意大利、日本等国家,在19世纪末期都像晚清中国一样,试过由国家主导、甚至由国家直接经营新型工业企业,以此追赶工业革命发展最快的英国和美国,但国营规模比较小。

"真正影响中国和其他国家,使众多国家走上国有经济之路的,是苏联。在学校,你们老师已介绍过苏联的历史,那些历史从根本上影响了中国、东欧国家、南美、非洲甚至西欧许多国家。1917年革命成功后,苏联在20世纪20年代末开始将私有财产国有化,实行计划经济。当时的苏维埃学者认为,私有制是人类剥削的基础,所以,为了消灭剥削,就必须先消灭私有制,同时消灭市场,然后,由政府计划部门取代市场来完成社会中生活品、消费品、生产品的分配。"

陈笛:"那些历史太有意思了。他们为什么会这样认为?在

第 7 课 如何让员工心疼公司的钱：产权制度与激励机制

市场上做交易，我喜欢什么、想要什么、愿意付多少钱，自己可以选择。如果由政府官员帮我做这些安排，他们怎么知道我喜欢什么、愿付多少钱呢？他们怎么知道我和姐姐的喜好差别？比如说，我喜欢历史，但姐姐不一定喜欢；我喜欢赚钱，要成亿万富翁，但姐姐对这些没任何兴趣。"

"是这样的。可是，那时候，世界上许多人存在一些盲点。在当时苏联的国有化过程中，情况很糟糕。比如，1930 年 1 月，苏联只有 21% 的农民家庭被集体化，到同年 3 月则达到 58%，到 1938 年时 94% 的农民被集体化，他们的土地被收为国有。那次集体化过程中苏联农民不断抵抗，政府则使用暴力和非暴力手段强制其集体化。

"20 世纪 30 年代实行国有化计划经济初期，苏联经济快速增长，每年的国民收入增长速度为 12% 至 13%，假如去年的收入为 100 元，一年后就升高到 112 元、113 元。相比之下，20 世纪 30 年代初，美国和西欧国家恰逢经济大萧条，西方市场经济面临重大危机。看到苏联'国营'世界的快速增长与西方'私有市场经济'世界的大危机之间的巨大反差，苏联计划经济初期短暂而令人炫目的成功，使人以为终于找到了经济增长的妙方。于是，在中国，当时的南京政府当然要搞'国营'。等到 1945 年二战结束后，西欧、拉美以及新独立的非洲和亚洲国家，都要模仿苏联的国有计划经济模式，至少也想由政府来创办、经营企业。1949年中华人民共和国成立后自然更要搞国有计划经济。到1975年左右，世界国有企业的比重达到最高点。

"但是物极必反，此后，你担心的那些问题就开始浮出水面，国有经济比重越高的国家，其经济越来越差，人民的生活越来越困难。苏联、中国、拉美、东欧等国家的国有企业产生大规模亏损。所以，中国于1978年开始对计划经济进行改革，重新回到市场经济，并逐步民营化。其他国家在20世纪80年代也逐步这样做。走了一大圈，到最后又重回老路，还原到市场本位。"

陈笛："我真对人类社会这么多人、这么多国家都走过弯路感到失望。真不明白为什么会出现认识上的这种盲点。这些历史也说明，经济学以及其他社会科学的知识储备还太少，否则，怎么这么多人会做出那种选择？"

激励机制设计

"是的，这也是为什么爸爸对经济学等社会科学那么着迷。让我们再回到你刚才的问题，就是等你长大办自己的公司时，你的员工不也是为你工作，而不是为他们自己工作吗？你有什么办法让他们'即使不是自己的钱,也心疼'呢?这就有挑战了吧?"

陈笛:"我可以采用奖金制度,给员工按工作好坏、贡献多少发奖金。"

"奖金是一种很好的激励方式,当然比没有奖金激励好。不过,奖金激励比较适合很成熟的行业。比如,你上次说长大后要办自己的电力公司,电力行业的利润很好预测,所以,你事先可以知道正常情况下公司能赚多少钱,然后根据实际利润相对多出多少,来决定该发多少奖金,这样的话,你跟员工之间,对未来奖金与贡献的关系,都有清楚的预期。但是,奖金激励很容易助长短期行为,因为如果今天的努力只对公司的未来有好处,员工们不一定有兴趣那样去做,毕竟公司的未来可能跟他们没关系,那是你的事。相反,越是能让公司短期盈利的事,哪怕这样做会损害公司的长远利益,他们也越会去做。"

陈笛:"那怎么办呢?"

"对于新创办的企业,一般来说,相当长时间之内不会有利润,所以,奖金的激励效果不会好,公司没有利润怎么发奖金呢？在美国和许多其他国家，给员工股份或股票期权（stock options）比较流行。也就是说，按照职位的高低、贡献的大小，给管理层和员工不同数量的股份，让他们都能够从公司价值的上升中，直接得到好处，公司成功，他们个人的财富也会增长。股票期权跟股票本质上一样，差别在于，它让员工在未来某个时间内，有权以低价购买公司的股票。股份或股票期权的效果是让员工都兼备员工与股东双重角色，这样他们一定更有干好的热情！如此一来，'即使不是自己的钱，也心疼'的效果就有了。"

陈笛："不过，如果给所有员工股份或期权，会不会给出太多？这样我自己不就少了，成不了比尔·盖茨了吗？"

"当然，这里有些技巧。公司的人越多，采用股权激励的必要性就越大。毕竟你一个人精力有限，公司大了之后，不可能事必躬亲，你必须雇别人。反之，人员越少，必要性就越小。一般来说，你作为创始人，周围肯定要有几个骨干帮你管理公司，他们再管理他们直接手下的人，以此类推，一层管一层。对你最重要的，是身边第一层的骨干，你要重点保证他们对公司的忠诚，所以给他们的股权要多，只要做到这一点，自然激励他们代替你以最大的可能管好其下属。离你越远的员工，股权就应该越少。"

第 7 课 如何让员工心疼公司的钱:产权制度与激励机制

讲了这么多,不知不觉我们到家了。没想到去一趟 Dunkin' Donuts,陈笛能看到大公司员工的不负责行为,并由此延伸出一个产权制度问题,一个一般性激励机制设计问题。一个 12 岁的小孩也能通过观察领悟出这些问题,让我这个做教授的爸爸更加感到,经济学的确是一门来自生活的学科,商业逻辑尤其如此,怪不得周其仁教授常常说"来自生活中的经济学"呢。

第 8 课

投资太阳能

垂直一体化整合的商业模式

"爸爸，你说政府管制电价，办电力公司难赚大钱。是不是所有能源、电力行业都受政府管制，机会都被政府抑制呢？去年你不是投资过一家太阳能公司吗？"在上次谈完电力管制后，陈笛这么问我。

"政府把电价、油价人为压得很低，表面上看是为了让老百姓很便宜地得到电力、汽油，降低他们的生活费用。短期看，好像如此。可是，从长期看，其代价很大。政府长期把油价、电价压低，其效果是使浪费的成本也很低，变相鼓励浪费，使社会的能源消耗快速增长。就如你知道的那样，人类是在19世纪末才有电器，才开始普及汽车，但这短短的一百多年里，就已经消耗了大量的煤炭与石油储藏。人们估计，如果按现在的速度增加能源消费，特别是随着中国和印度的私人汽车越来越多，石油消耗会快速增长，那么，到2040年左右，世界的石油储量可能要全部耗尽。如果真的那样，就会出现全球能源危机了。所以，价格管制的后果之一是加快了能源的消耗。"

第 8 课　投资太阳能：垂直一体化整合的商业模式

2040年的世界

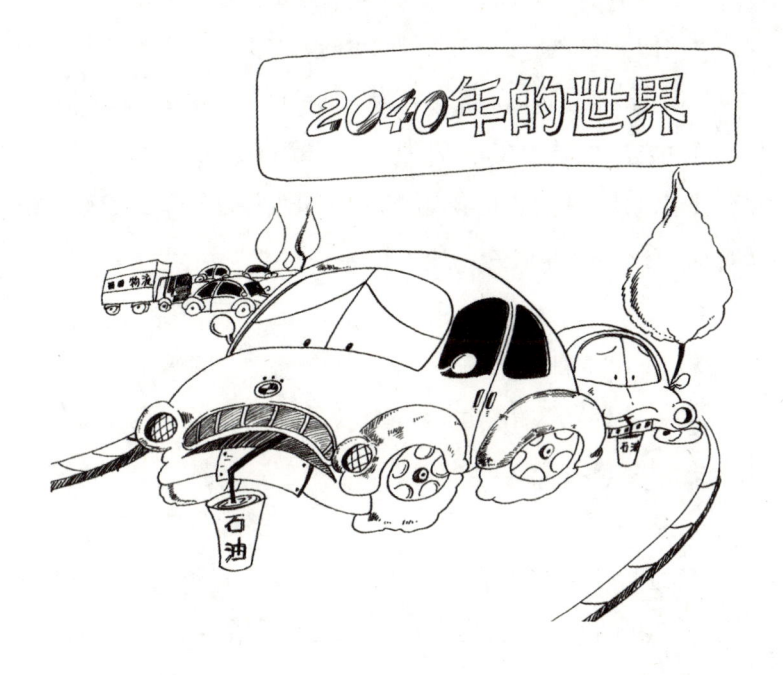

陈笛："那怎么办呢？太多石油、煤炭消费不是对环境、对空气也有破坏吗？"

"当然，第一步要做的是各国将油价、电价提高，按市场价去收费，通过高价来增加能源的使用成本，也由此增加环境的破坏成本，引导人们少浪费电、少浪费油。另一方面就是寻求新能源，这包括太阳能、风能等等，也就是你们老师说的'绿色能源'，这些能源不破坏环境，不污染空气，多好呀。问题是，太阳能发电设备还太贵，每度电的成本差不多是煤炭发电成本的两倍。所以，政府越是人为压低电价，就越无法给太阳能、风能的努力创造机会，人们就无经济激励去开发研究新能源。换句话说，只有当电价足够高时，研究开发绿色能源在经济上才合算，才会有人去投资、创业。"

陈笛："哦，那为什么去年你投资了一家太阳能设备制造公司呢？那家公司好像叫常州天合光能公司吧？按你这么说，其太阳能设备销售市场就难以发展了。""

"不过，常州天合光能公司的前景会很好。这是一家不错的公司，于1997年由高纪凡先生创建。那时，经济全球化正在兴起，但中国和印度的人均收入还有限，特别是在中国，家庭汽车还是一个非常遥远的概念，石油危机、能源危机也还不是人们普遍担心的问题。所以，虽然太阳能技术在那时已有发展，但还不是那么紧迫的行业，其未来前景也并不明朗。可是，高先生却预见到太阳能的发展前景。

"1997年公司成立后，常州天合光能投入研究太阳能技术。2000年建成的'太阳能源建筑系统'样板房，室内没有一个外接电源，所有电器都靠太阳能。这算是在技术上成功了。不过，有了技术并不意味着就有了商业成功，后者还取决于技术如何

第 8 课 投资太阳能：垂直一体化整合的商业模式

被转化成产品，取决于市场营销怎么做，取决于它的产品是否是市场需求的。许多工程师有技术，但无法将技术转变成财富、创造出人们需要的价值。

"2001 年，常州天合开始将太阳能发电产品推向市场。对该公司最有利的一件事是，德国自 1999 年开始由政府补贴太阳能发电，每千瓦时补贴约 0.5 欧元。从那以后，德国加大对老百姓在屋顶安装太阳能装置的鼓励。随后，日本、美国、西班牙、意大利等国家也跟进，都通过政府补贴鼓励发展太阳能。结果，到最近几年，太阳能发电设备制造多少，西欧国家就买走多少，出现了严重的供不应求局面。这为所有太阳能设备制造商提供了天赐良机。常州天合也抓住了这一历史机遇，先进军德国市场，随后也向其他国家销售。"

陈笛："这种市场太好了！供不应求，制造商不就有很大赚钱空间了？在这种情况下，常州天合当然能赚钱了！"

"你说得对。所以，2006 年 6 月爸爸通过朋友加入麦顿基金（Milestone Capital），麦顿基金以每股 7.4 美元入股常州天合。当时，常州天合正在准备到美国上市，也就是准备在美国股市上发行其公司股票，让公众投资者能自由买卖交易。一般来讲，由于上市之前入股风险较大，所以，投资回报比上市后再买股票更高。6个月后，也就是2006年12月18日，常州天合股票以每股18.5美元在美国上市发行。到今天，其股票已在纽约证券交易所上市10个多月，股价已超过50美元，最高时还曾到过73美元，相对于我们买入的价格涨了5倍多，这的确是很好的投资。"

陈笛："这很有意思，公司上市前投资入股能这么赚钱，我真没想到，你真厉害！但是，我不明白，既然大家都知道太阳能设备市场这么好，供不应求，为什么没有更多人去办厂加入竞争？难道太阳能技术那么难吗？"

"是这样的，确实有很多创业者进入该行业。无锡尚德是中国第一家成功的太阳能公司，它于2005年12月在纽约上市。由于其股票价格猛涨，使无锡尚德的创始人施正荣先生以23亿美元的财富，成为2005年中国首富。常州天合是中国第三家到美国上市的太阳能制造公司。无锡尚德、常州天合等太阳能公司的财富故事太成功了，这当然就激发了许多创业者加入该行业，都去办自己的太阳能公司。财富的吸引力胜过一切。在过去几年里，从江苏到河北、福建等省，众多太阳能公司相继成立，这使中国几年内就领军世界太阳能制造业。"

第 8 课　投资太阳能：垂直一体化整合的商业模式

陈笛："你刚才不是说太阳能设备供不应求吗？有这么多的制造公司，这下供给就多了，看来太阳能设备的价格要下跌了。"

"实际情况并非如此。从 2005 年初到现在，太阳能发电设备的价格在欧洲基本没变，在美国还上升了 10% 左右。之所以有了这么多竞争后，太阳能设备价格不降反涨，是因为这些产品的销路没问题，能生产多少，别人就买多少，同时，原材料的供应却越来越紧。太阳能发电最重要的材料是高纯度硅，而硅的提炼又需要很高的资本投入，其提炼加工厂需要很长时间才能建成。所以，虽然太阳能设备制造厂很快能建好投入生产，但高纯度硅的供应很难跟上。结果，设备制造商越多，对硅材料的需求就越大，在硅供应量没有变化的情况下，这就逼着硅材料价格快速上涨。对于太阳能设备制造商来说，保证硅材料的稳定供应就成为公司生存、发展的关键。"

陈笛："在这种环境下，是不是哪种模式最有利于保证硅片的供给，哪种模式就最好？"

"这就是常州天合跟其他太阳能公司的差别所在。比如说，常州天合股票于 2006 年 12 月 18 日以每股 18.5 美元上市，第二天，同在江苏的另一家太阳能公司——林洋新能源有限公司也在美国上市,每股价格是13美元。可是,到今天,常州天合的股价是53美元,而江苏林洋的股价还在13美元没动!为什么差别这么大呢?主要原因在于江苏林洋要靠从其他硅片提炼、硅片组件公司那里进货,然后组装成太阳能发电系统,所以利润空间小,而且完全受到硅片市场的供应短缺制约,硅片供应越紧张,江苏林洋的未来生产就越没着落。相比之下,常州天合采用的是所谓'垂直一体化整合'(vertical inte gration)商业模式,它自己收集含硅的废电器,先从中提炼单晶硅,做成硅片,再做成组件,最后将组件安装成太阳能发电系统。这一整套垂直工序都由自己公司完成,在公司内各工序一体化,能较好保证各生产环节的原材料供应,也能降低原材料的进货价格风险。就因为商业模式上的这种差别,常州天合跟江苏林洋的股票表现是如此不同。"

陈笛:"垂直一体化整合模式的意思是不是说,如果我要开餐馆,首先要自己种粮食、种菜、种油、种茶、种佐料,也要做桌子、板凳、碗筷呢?再往前,是不是说我也要生产肥料、制造农用工具,否则我会有太多供货风险、原料价格风险呢?"

"不完全是这样,还要看具体供货市场的情况。供货越紧张、价格风险越高的原料,自己做、自己生产的好处就越大。像蔬菜、大米这样的生产周期很短、供给很容易产生的东西，其价格总体上会很稳定，就没必要自己去生产，到市场上买就行了，让那些更有种植粮食、蔬菜专长的人去生产粮食和蔬菜，而你只管把饭菜和服务做好就行了。各做各的特长，各有各的分工，市场是不同专业特长的人来到一起交易的平台。专业分工和市场化就是这样相互推动发展的。"

谈完这些话题以后，陈笛开始常常思考：一个公司什么情况下应该"什么都自己做"、要垂直一体化整合，什么时候可以靠市场交易来保证公司的供货。但不管怎样，当陈笛告诉她在学校最好的朋友，说"我爸爸去年花 7.4 美元买的股票，今天到了 50 多美元"，她的朋友羡慕地说："你爸爸真是天才！"从那以后，她还真越来越为她爸爸感到自豪。

第 9 课

为什么中国公司喜欢行行都做

资产结构与效率

说完常州天合太阳能的故事后，陈笛得到的印象是，公司应该垂直一体化整合，企业所需要的各类原材料，都要自己生产供给，一方面能降低成本，另一方面也能保证质量和供货安全。

陈笛："爸爸，上次你谈到，如果各企业什么都自己生产，不从市场上买，到最后各家企业都无所不包，但什么都做不好了，大家都自给自足，使市场没机会发展。这当然有道理。但是，企业的范围界限到底该划在哪里？企业与市场的分界该在哪里呢？"

"这个界限很难一概而论，取决于具体的社会环境和行业特点。像太阳能设备制造业，我们上次谈到，常州天合的垂直一体化整合之所以受到投资者欢迎，是因为太阳能装置需要硅片，而硅片的供应很紧张。全球太阳能制造商都争着抢订硅片，使硅片供应极难保证，价格很不稳定，所以，常州天和的垂直整合就好。一般而言，供货越不确定、价格波动越大，自己去生产、

第 9 课 为什么中国公司喜欢行行都做：资产结构与效率

提炼原材料的必要性就越高，这样才能保证公司产品生产的连续性。"

陈笛："不过，在中国，好像公司更喜欢什么都自己做，喜欢垂直一体化，而在美国好像不是这样。为什么会这样？"

"原因包括许多方面。第一个决定性因素是契约执行的可靠度。如果你跟张三的公司签合同，约定张三今后五年里每年供应一吨硅片，而且价格今天就锁定，这样，你投下很多资本，扩建太阳能生产线。可是，一年后，张三说没货供应，要毁约

了,这就让你的投资泡汤了。所以,如果一个国家的契约环境差,企业就更倾向于什么都自己做,不相信别人的供货保证。

"正因为中国的契约文化还欠发达、法治没到位,人们只好通过公司内部生产尽可能多的原材料,而不是靠市场交易或说外包,来保证供货,使自己的主营生产线能持续进行。换句话说,在一些情况下,公司内部的垂直一体化整合是外部契约不可靠所致,是由外部法治不到位所引申出来的行为。这就是为什么法治发展是市场化深化的基础,也是为什么中国的公司喜欢什么都自己做,而美国的公司更倾向于专注整个价值生产链中的一个环节。

"实际上,不只是国家之间有这些差别,即使在一国之内,因不同地区的契约文化有很大不同,企业选择的垂直一体化程度也会不同。在中国,浙江因为靠海,其商业发展历史比内陆省份更长久,其商业文化、特别是契约文化就比湖南等省的要发达得多。所以,在浙江,企业能够选择专,实际情况也的确是浙江企业更倾向于专,通过市场交易能实现的分工很细。相比之下,湖南企业更倾向于什么都做,专业分工不够。比如,长沙××股份有限公司就是这样。"

陈笛:"你说的是我们在长沙常住的××国际大酒店吧?"

"是的。这是湖南的一家上市公司,它的股票在深圳证券交易所上市。你猜它的主营业务是什么?"

陈笛:"它肯定是从事酒店经营的公司吧?我觉得他们的酒店还不错,只不过这些年他们的服务质量好像在下降,酒店维护得不到位。"

"我原来也以为它的主业是酒店管理,可是远不是这样。按照该公司的介绍,主营业务包括百货、针织品、文体用品、照相器材、音像制品、金银首饰、食杂果品、五金交电、家用电器、厨房机具、家具、中成药、西药制剂、医疗器械、建筑材料、矿产品、旅游及服务。兼营业务有饮食娱乐、住宿、能源、房地产开发与经营、建筑及装饰工程、汽车货运、信息服务、物业管理。所以,我们住过的酒店只是其业务的一小部分,他们更大的主业是各种商业零售,还有房地产开发、商用地产投资与物业管理,能源和汽车运输,及信息服务、软件开发等。实际上,湖南几乎每个上市公司都有自己的酒店,也都有自己的房地产开发公司。"

陈笛:"为什么他们什么都做?怪不得××大酒店的服务这些年每况愈下。刚才说常州天合是垂直一体化整合,是为了减少原材料供应的不确定性，但是，××公司的酒店、房地产、旅游服务和零售业，有什么价值链上下游的关系？这个我不明白。"

"一般来讲，如果不同业务领域或说行业间有很强的互补性，即使它们没有价值生产链意义上的供货关系，把这些行业都整合到同一个公司内，也可以分散公司的风险。这样，在任何时候，一个行业不景气，或许其他行业景气，可以使公司的收入不至于整体受到负面影响。

"不过，要运作好这种跨行业横向整合，公司的管理架构与水平必须很高，否则，极容易造成资本浪费，使资本的使用效率很低，不能带来足够高的回报。比如，××公司2006年的资产回报率才3%左右，也就是每100块钱的投资，在一年里只能带来3块钱的利润回报，跟银行利率差不多。就像你说的，一旦公司什么都做了，而不去考虑这些行业的相关性如何，那结果会是什么也做不好，资源就要浪费了。

"在中国，过去因为企业是国有的，不属于任何个人，所以，企业的效率、企业资产的回报率从来不是很重要，反正不是自己的钱，浪费就浪费了。在那种情况下，企业当然想做得很大，什么行业都做，因为反正不用考虑投资的回报。所以，原来的国有企业不仅跨越许多行业，而且每个企业既有医院、食堂、学校、托儿所，也建造住房、经营房产，都是跨行业横向经营。

第 9 课　为什么中国公司喜欢行行都做：资产结构与效率

到 1990 年之后，许多国有企业都被改制，转变成股份制企业，并且其股份到股票市场上市交易，这样个人都可以买股票成为股东。原来设想，让企业的股份由个人买卖交易，这样资本市场就可以逼着中国的企业更注重效率、注重投资回报，而不是什么都做。"

陈笛："结果怎样呢？"

"结果是，上市后的企业反而更加什么都投，原来要做扩张投资时，一些国有企业可能首先要从相应政府部门批资金，手续很多。可是现在，上市公司不再完全是国有的了，其投资决定不必都经过政府部门审批，而是由董事会批准，可董事会又不起作用。同时，中国的股民又不太关心公司经营的好坏，只关心股票价格是 2 块还是 8 块，并且也不一定知道什么商业模式最有利于赚钱。到最后，改制上市后的中国公司反而有更多资金，进行跨行业横向扩张。

"本来，对于股市投资者来说，他们应该更希望每个企业都专注一个或两个相关行业，把这一两个行业做好、做精。如果跨行业投资更好的话，投资者自己也可通过分散投资组合来达到目的，而不需要由这些上市公司去完成。上市公司应该专，而跨行业投资则要留给投资者自己去做。"

陈笛："不过，中国企业之所以喜欢做大，喜欢什么都做，是不是因为他们觉得中国经济发展很快，机会很多，跨行业拓展对股东更有利？"

"的确有很多人这么想。比如，他们说，中国的房地产开发很赚钱，如果××公司的老总有关系批到土地，进而开发房地产，那不是对××公司的股东更好，让他们的股份更值钱？所以，只要是赚钱的项目，公司管理层都可以去投，而且也应该去投。换句话说，由于中国的房地产开发等机会不是开放的，完全由政府部门控制审批，所以，能够批到地就是财富的通行证，这种特别的国情决定了中国上市公司什么都做的局面。

"这听起来有道理。投资者在买××公司股票的时候，他们以为买的是商业企业股票，可是，那完全是错觉，因为××公司的资产主要是地产，它在长沙拥有两座百货大楼、两座商业广场（其中一座占地面积11万平方米）还有××国际广场、××山庄酒店，当然还有××国际大酒店。看到这些资产，你更该认为这是一家商业地产公司，而不是什么零售业企业。"

陈笛："这些信息不都是公开的吗？股市投资者应该知道这些情况。为什么股票市场没有给××公司压力，要他们重组公司的资产结构，提高效率？要我看，这里更重要的可能还是不知道什么商业模式对他们最好。"

"实际上,××公司应该分拆成几个不同的公司。比如分拆成商业房地产公司、零售商业公司、酒店管理公司,刚才讲到的百货大楼、商业广场楼宇、酒店楼宇全部由商业房地产公司拥有,然后把这些楼宇分别反租给××零售公司、××酒店管理公司,由后者按月付租金。

"这样分拆后,××房地产公司可以获得稳定的月租收入。由于中国的银行只认固定资产做抵押放贷,这些月租收入很稳定,也可用来做抵押借贷。所以,××房地产公司本身即使不上市,也很容易靠银行贷款、发债融资,其成本非常低。

"另一方面,把这些广场和楼宇资产、把这些债务从××零售公司的资产负债表上剥离出去之后,还有两大好处,其一是××零售公司的负债可以大大减少,其二是它的账面资产额也大大减少,会使零售公司的资产回报率大大提升。因为对于零售业来说,它的主要收入是通过销售商品而来,销售场地是不是属于自己的不重要,只要商品销售和进货价格上有优势,租别人的店面也行。在商业销售收入不变的情况下,公司总资产越少,需要的借债会越少,资本的回报率当然会越高。所以,通过这种分拆,××零售公司的股票就更能受到投资者的好评,价格会越高。

"按照同样的道理，××酒店管理公司只需要从××房地产公司手里租用那些酒店地产，而不需要把这些楼宇资产放在自己的资产表上，它的最大资本应该是酒店管理技术和流程这些无形的资产。这样，酒店管理公司在使用很少资产、很少债务的情况下，照样能创造很高的利润，它单独上市的股票价格也会更高。这实际上就是如家连锁酒店的商业模式：租别人的楼宇，把自己的核心资本定义在酒店管理上。"

这次跟陈笛谈的商业模式可能有些复杂。她非常好奇，为什么中国上市公司基本都做房地产，也差不多都喜欢开自己的酒店，家家公司都有大量资产。她没想到，我们差不多每年都住几天的长沙××国际大酒店，原来不是一家酒店公司，而是以商业零售为主的公司。当然，她更没想到，××公司作为零售商业公司，居然还有17亿多的资产，而这些资产又都是商业楼宇。难道为了让零售业务更赚钱、长久价值更高，公司必须要自己拥有那么多的商业广场和大楼吗？公司背上这么多的资产负担，难道更有利于它在零售业的发展吗？陈笛不一定能马上理解这些问题，但是她在思考。

第 10 课

为什么不投资中国

社会文化与商业模式

2007年12月7日星期五晚上,我在纽约跟邱立平一起吃晚饭,他是我在国防科技大学读研究生时的同学。这些年,他跟楼云立女士经营着自己的私人股权投资公司——麦顿投资咨询有限公司,非常成功,现在管理着近4亿美元的资本。这次他在纽约参加了华视传媒(VisionChina)在纳斯达克上市的仪式。继分众传媒、常州天合之后,华视传媒是他们投资的公司中第三家在美国成功上市的。

第二天早晨,我带陈笛一起去星巴克喝咖啡、吃早点。路上,我跟她讲:"陈笛,昨天爸爸了解到一个叫华视传媒的公司,前天该公司在纳斯达克上市,上市发行的原始股价格为8美元,当天最高涨到9.5美元。到昨天,股价跌回8美元,也就是当初的发行价。你觉得该公司股票是否值得投资?"

陈笛:"华视传媒是做什么的?"

"华视传媒2005年4月才成立,总部在深圳。它的主体业务，是在公共汽车上安装移动电视，播放新闻和娱乐节目，收益来自节目间歇的广告销售。虽然其历史才两年多，但增长迅速，已在中国组建了覆盖全国的户外数字电视广告联播网，覆盖面包括北京、广州、深圳、南京、杭州等城市。

"由于中国有几亿人坐公共汽车,华视传媒的业务范围很大,规模经营的空间几乎没有限制。随着覆盖面的拓展,其广告收入应该会快速增长。今年前9个月,该公司营业收入为1740万美元,比去年同期的190万美元增长7倍多。"

陈笛："不过，爸爸，我知道你比较关心中国的各种投资机会，华视传媒听起来也很有意思。但是，我对投资中国，或者说对中国这个投资概念，不是很看好。所以,不管具体的公司好不好，我总体上对投资中国不是太乐观。"

"为什么呢？"

陈笛："最主要的原因，是我不喜欢中国社会的组成方式，或者说社会结构的构成基础。让我最不喜欢的是中国人只认血缘关系、认亲情，不认其他的。比如，像你家里和妈妈她家里的人，谁都只认亲戚，除了亲缘之外就不太相信人。我说我不喜欢表妹，妈妈就会说，你怎么不喜欢表妹？她是你的亲人，你们身体里流

的血都是一样的，没有什么比这更亲了，所以，你应该喜欢她。"

"妈妈说得对，你是应该喜欢她。长大后，你也会发现，最后只有你姐姐、表姐、表妹、堂兄和堂妹这些亲戚是永久的，你跟他们的关系总是很特殊，而且是怎么也改变不了的，因为你们天生就有这种亲情。"

陈笛:"问题也恰恰出在这里。妈妈强调的是,不管我的堂姐、表妹是好还是不好,人有意思还是没有意思,不管跟她们是否谈得来,够不够交朋友,交流时有没有兴趣火花,有没有心灵上的默契,我都必须喜欢她们,没有选择。为什么有了血缘关系,我就必须喜欢她们呢?这跟交朋友不一样,因为交朋友时,我有选择的权利,喜欢、谈得投机我就交朋友,觉得对方人很好我也可以交,但这是完全自愿的选择。我真不认为,我跟表妹、堂姐有血缘关系,就必然意味着我跟她们能合得来,相互能有默契。这不一定的,甚至我觉得自己交的朋友更有意思、更近。"

"你说的有道理,但这的确是一个很复杂的问题,是人类自古以来就面临的信赖基础的问题。短期内,你可能觉得自己主动交的朋友很合得来,也更近。可是,时间久了之后,也许你会发现,朋友间的关系往往难以长久——正因为双方都能自由选择交友,也当然能自由选择解散。久而久之,这可能造成某种人际关系上的不信任感。

"相比之下,血缘关系是没有选择的,是生来就有的生理关系,抹也抹不掉。在某些情况下,这种没有选择的关系可能反而使亲戚间的关系更可靠,因为其信任的基础是无条件的、永久的,这就使亲戚间的互助基础更牢靠了。这就是为什么在传统社会里,在解决人际间信用交易的制度架构还没有发展出来的时候，人们更多依赖血缘这种天然的东西来强化人际关系的信用基础。所以，在中国有了儒家文化，强调以血缘为基础的家庭、家族结构，并以此来组织整个的社会结构。"

陈笛："可是，为什么在美国，整个社会关系不一定由血缘决定呢？我不是说血缘关系不重要，但不该是唯一决定人际信用基础的东西。在美国，血缘也重要，但不是决定一切的东西，我的经历告诉我，在许多情况下，没有血缘关系的人也值得信赖，值得尊敬，值得交朋友。而即使有血缘关系的人，也不意味着我必然会喜欢她、信任她并跟她亲近。"

"这跟美国社会的法治发展有关，特别是跟基督教在美国社会中的地位有关。正如你知道的，教会里有教友，也有教父母，他们跟你没有血缘关系，但因为都是基督教徒，所以在上帝面前属于同一个家，只是那个家是以信仰为基础，而不是以血缘为基础。正因为这一点，在美国，没有血缘关系的人之间，陌生人之间，也照样可以有信任，有长久的友情，这样，血缘才不一定是一切。我也同意，由血缘建立的社会结构不一定是最优的，只是多数社会还难以发展出更好的替代方案。不过，如果社会中只有亲情才能信任，那么，陌生人之间的交易就很难进行了。"

第 10 课 为什么不投资中国：社会文化与商业模式

陈笛："这就是我对投资中国不怎么看好的原因，因为公司做大的过程中必然要雇用很多人，彼此间必然有很多的合作，也就需要很多的信任，你把钱投给他们也需要很多信任，而雇用的不可能，也不应该只是跟自己有血缘的人。那么，在这些公司扩张、招人的过程中，如果大家、整个社会的人只习惯相信自己的亲戚，他们怎么可能相互间合作得好、信任得好呢？在这样以血缘组建的社会结构里，很难发展出真正成功的规模性大公司。"

"不过，随着中国的法治发展，情况会改变的。"

陈笛："另一点让我难以接受的是，中国什么都以年龄决定，干什么都得论资排辈。我不明白，出生的早晚，对一个人的地位和影响力会如此重要吗？比如说，在中国，大人从来就不会把小孩的意见当回事，小孩跟大人讲话时，大人从来就不会真正地听，大人完全把小孩排斥在他们的世界之外。有时候，中国的大人装着听小孩讲话，但实际上从来不会真听。在美国，就不是这样，小孩的意见经常会被接受。在中国,不管是成年人,还是未成年人，都以年龄来定其言论的重要性。为什么一个 40 岁的人必须听从 50 岁的人呢？为什么小孩的意见就不能听呢？"

"在传统社会里，没有大学教育、没有许多书面传授的知识，人们都是靠经验来做判断，基本都要靠每一代的亲身试错来领悟世间的事物；再加上那时候的社会和生活状况变化很慢，没有太多新事物、新技术，所以，年纪越长的人，经验就越丰富，就越有智慧，大家多听他们的没有错。

"不过，到今天大变化的时代中，随着新技术的不断出现，社会生活与工作的范围也在不断拓展、延伸，老年人的确不能像年轻人那么快地追赶时代，对许多新鲜事、新技术可能根本无法入门，对异族、对他人社会文化的了解可能也无法与年轻人比，所以，你说的对，在今天的世界上，年龄已经不是能力和知识的标志，两者的相关性甚至已经是负的，越老的人可能对现在的世界越不懂了。小朋友对新技术、新文化的了解和接受力反而最强。"

陈笛："尊老爱幼，有它的道理。但是，不能说为了尊老就可以随意地损幼。妈妈说，大人说话时，小孩不可以还嘴，不可以插嘴。但她怎么不说，小孩说话时，大人也应该听，也不能还嘴、插嘴呢？长幼之间应该是一种平等关系，不可以不尊重小孩。在中国社会，小孩，甚至年轻人没有发言权，不受到尊重，使得整个社会缺乏活力，不容易有创新，也不能培育全社会的思辨能力。处于这样社会里的企业，其长久投资潜力怎么会很高？还有就是，中国社会过于势利。如果一个大人告诉我'张三这个人很好',当我问他'你为什么觉得他很好',他会说'因为张三上次帮过我'。也就是说,中国人在判断一个人好坏的时候,更多是看这个人有没有给过自己好处,而不是看这个人本身怎么样。我的感觉是,中国人看到的不是别人这个人,而是利益。"

今天与陈笛的谈话,真的出乎我的预料,我原本以为我们可以讲讲华视传媒的商业模式,但她却谈出对中国社会的观察和看法,以及对投资中国的没信心。

社会文化、社会结构的组建基础等,对商业模式当然有极重要的决定作用,因为现代投资者最喜欢的是业务的可复制性,最好是大规模的可复制性,这样公司就有巨大的增长前景。而增长前景是否能实现,又取决于这个社会里的人们是否有基本的信任基础,是否在血缘之外仍然存在起码的诚信基础,否则,一个企业业务的可复制性潜力再好,也难以组成相应规模的团队去实现。

投资者看重的另一方面是创新潜力。如果一个社会里,年轻人和小孩的地位总是最低,没有足够大的发言权,那么,年轻人再聪明、再有创造潜力,他们的机会和资源也会很有限。

陈笛出生在美国,也一直在美国上学。她每年在中国只有不到两个月的时间,却还是对中国社会结构、人际关系有了这样一些观察,这很让人想不到。我们当然很习惯以血缘、年龄建立的社会秩序，把"三纲五常"作为大家的行为规范。但是，血缘和年龄都是人无法选择的，完全由这种与生俱来的因素为基础构建的社会秩序，难道真的能"最好"？时代变了，组建社会秩序的基础似乎也该变了，基于自由选择的社会必然是以契约规范的社会，而不是以血缘、年龄规范的传统社会。

第 11 课

跨国经营个性化服装

全球化下的创业模式

陈笛："爸爸，今天老师谈到全球化，说当今世界进入了经济一体化的贸易体系，各国正以前所未有的规模发展。但我还是不明白，全球化到底指的是什么。"

"这个可以这样理解，爸爸出生在中国湖南的茶陵县，小时候说的是茶陵话，1979 年到长沙上大学，开始改说长沙话。1986 年来美国读书，又改说英语。来美国后的这 22 年里，我们不仅在三个不同的州生活过，而且还去过二三十个国家，也经常来往于美国和中国之间。

"也就是说，今天我们很幸运，你在哪里出生、小时候说什么语言，并不决定你长大后在哪里生活、说什么语言，你可以在世界的任何地方居住、工作。这就是全球化，不仅人可以在更广的范围内流动，而且各种商品和服务也能全球流动。所以，有的人说，全球化的意思是，到成本最低的资本市场去融资、到效率最高的地方去生产制造、到利润最高的地方去销售。在全球各国加入一体化的市场之后，国界的意义变得越来越弱了。"

陈笛:"你的意思是说,这就是为什么今天中国能成为世界工厂,成为全世界的生产制造基地?前一段听你讲,你的学生刘向开了一家个性化男装公司,在美国吸收客户、量体等等,然后在中国制作衣服,再寄到美国。那么,他的公司是否就是全球化的具体实例?"

"是的。以男士正装衬衣为例,按客户体型、布料和式样做成的个性化衬衣,在中国的出厂成本大约是 15 美元。而在美国,同样的个性化衬衣零售价在 70 美元以上,高的可以到 120 美元,甚至 150 美元。在美国和中国之间的这种价格差别,当然为有能力的人提供了很好的创业机会。刘向在做的是,到全球范围内找成本最低、质量又可靠的地方——中国生产,然后,在利润最高的美国销售。"

陈笛:"为什么会有这么大的价格差别?我知道美国人的收入高,所以物价比中国高,但这还不能完全解释中美之间的这种价格差。"

"背后的原因的确很多。其中很重要的一点,是由于自 20 世纪 70 年代开始,中国大量的服装等纺织品出口到美国。由于中国的人口众多,劳动力又便宜,很快,美国商店里的衣服就基本都是中国生产的了。尽管这些男士衬衣、西服都是按照几个固定的尺寸做成，也不一定对每个人都合身，但是，由于这些从中国进口的成衣太便宜了，所以，到今天，绝大多数美国人都改去商店买成衣，虽不怎么合身，大家也就凑合了。就这样，美国过去量身定做衣服的裁缝店一家家相继关门了，因为他们在价格上无法跟来自中国的成衣竞争。今天，美国没剩几家裁缝店，量身制作服务的供应大大减少，个性化服装的价格自然很高，否则裁缝店自身也难以维持下去。这就是为什么今天美国裁缝店量身制作的衬衣会高到120美元至150美元一件。"

陈笛："既然中美间个性化衣服的差价这么大，为什么以前没人看到这种机会，而刘向却可以成功呢？"

"个性化服装的制作跟标准化成衣不一样，每个客户的尺寸不同、式样与布料偏好也不同。一方面，它更需要跨国运输速度和运输成本方面的支持，如果运输速度太慢，比如，要一两个月才能寄到，客户会等不了；如果运输成本太高，从中国运过来一件衣服要40美元，那么，经营方就没法赚钱了。另一方面，在中美之间的通信速度和成本也必须跟上，否则，美国方面的客户要求就很难准确有效地传递给中国的裁缝。这两方面的条件要同时成熟，才能做跨国个性化服装制作和销售，要不然，两国间的差价再大也难以成功。"

陈笛:"你的意思是,以前这些条件不成熟,而现在成熟了?"

"是的。首先,我们看看运输速度和成本的变化,这历来是决定全球化可行性的核心要素。比如,第一个来美国留学的中国学生容闳,他1854年从耶鲁大学毕业,当年11月从纽约上船,穿越大西洋,历经欧洲、非洲和印度洋,花了整整154天才到达中国。那时没有飞机,在海上颠簸154天是回中国的唯一途径。在那种运输速度下,刘向的生意当然无法做。19世纪末期,横跨美国东西部的铁路网建成,这大大缩短了货物在美国东部跟中国间的运输时间,因为中国货物可以先经太平洋船运到美国西部,然后由火车陆运到东部。但这还是要三四个月的时间,太慢。

"对刘向的商业模式帮助最大的,是1903年莱特兄弟发明的飞机。经过半个世纪的发展,到1958年波音公司成功推出波音707喷气式飞机,长距离跨国空运终于变成现实。今天,从纽约到北京的直飞时间只有13个半小时,相对于容闳的154天,这种变化是革命性的。在成本上,从1854年到1910年,跨国运输成本平均下降70%,今天的运输成本还不到1854年时的1/30。对刘向而言,今天从上海寄衬衣到纽约,空运可以两天到;

如果是一星期寄到，平均每件衬衣的快寄成本就只有 8 美元。"

陈笛："这样的话，衣服出厂价 15 美元，快寄费 8 美元，共 23 美元成本。"

"但是，美国对衬衣进口有 20% 的关税，这又是 3 美元，再加每件衣服要支付 1 美元买进口配额。另外，在中国也要雇人负责协调和邮寄，每件要付 5 美元的费用。所有这些成本加在一起，一共是 32 美元。除了这些运输和关税成本外，刘向跟在中国的制衣厂裁缝的沟通速度也很关键，个性化服装必然意味着许多个人化的要求，这就要求刘向总能跟裁缝交流客户的信息和偏好。到今天有互联网、email、手机电话等通信工具，这些越洋通信不仅速度极快，只是几秒钟的事，而且成本几乎可以忽略，这为刘向的商业模式奠定了根本性的基础。

"可是，以前的人没有这么幸运。在容闳的时代，从纽约往上海传递信息的最快方式是通过海船，也就是要 154 天才能送到。1866 年，纽约和伦敦之间开通电报线路，而中国跟伦敦的电报线路于 1871 年接通，随即，上海跟纽约间的信息传递速度从原来的 154 天降到 4 天左右。1901 年电话开始进入中国，但直到 1950 年中国才有第一条国际电话线路。虽然那时候中国的国际长途电话和电报服务都有，信息传递速度跟上了，但直

第 11 课　跨国经营个性化服装：全球化下的创业模式

到 1990 年左右，这些通信服务的价格还都太高，甚至就是十年前，从美国打电话到中国，每分钟还要近 3 美元。为了说明一个顾客的特殊衬衣要求，你可能要在电话上说 10 分钟，花 30 美元的电话费。在这种通信成本下，横跨中美来经营个性化服装制作业务，难以成功。好就好在今天的越洋电话费只有 3 美分一分钟，而 email 的费用基本为零，这样，美国这边客户的信息和个人偏好，不到一秒钟即可免费送到在上海的裁缝那里，如果有疑问或出现差错，又可打越洋电话沟通，很便宜。因此，在信息沟通上，刘向的商业模式的基础也完全具备，这就是为

117

什么我极力鼓励刘向创办他的公司，我们也有参股。"

陈笛："如果说每件衬衣的到岸价是 32 美元，刘向的出售价是多少？"

"初步定在 50 到 55 美元。这是一个很关键的决策。刚才讲到，现在美国量身定做的衬衣价格在 70 美元以上，但这个市场很小，只有那些相当有钱的人才买得起。我跟刘向说，如果他要成功，必须把价格压下来，否则难以扩大市场规模。他的核心目标，是要让美国中等收入的人也能买得起量身定做的衣服，而不是只有高收入的人才买得起。因此，刘向根据自己读 MBA 时学到的市场调查技巧，做了很多市场问卷，他发现，多数中年人觉得 55 美元可以承受，再高就显得贵了。"

陈笛："这很有意思，原来产品定价还有科学基础。不过，这听起来似乎太容易了，我还是有些怀疑，为什么这个事其他人不做？"

"说的对，裁缝、服装是一个很老的行业。当刘向告诉他在香港的爷爷，说自己要放弃华尔街公司的聘书，去创办个性化服装公司时，他的爷爷觉得不可思议，因为他爷爷也做了一辈

第11课　跨国经营个性化服装：全球化下的创业模式

子的服装业务，而如今刘向拿了耶鲁的MBA，读了这么多年的书，到最后还是要加入没怎么读过书的爷爷的老行业。这让他爷爷直摇头，不知道他这个孙子是怎么落到这个地步的。

"但是，我跟刘向说，判断创业成功与否的标准跟以往不同，就像咖啡店业务很老了，但照样可以出星巴克这样的现代成功企业一样，关键在于赚钱模式；如果你今天只是通过一件一件卖衣服来赚钱，那的确跟传统裁缝店没区别，就是一种失败；如果你把你的跨国个性化服装制作业务的流程都标准化，使其可复制性很好，也就是使生产规模能像星巴克那样不断地扩张，那么，即使近些年公司会亏损，但你的公司照样会值很多钱。换句话说，你赚钱的方式不在服装本身，而在于使你的公司股权很值钱，靠最后卖掉你的公司赚钱。"

全球化给中国、美国以及其他国家都带来机会，也给刘向这样的年轻人提供了新的创业模式。但是，让陈笛没想到的是，全球化是建立在这么多技术发明的基础之上的，并非原先以为的只要各国打开国门、自由贸易那么简单。实际上，是运输和通信网络的全球覆盖及其使用成本的大幅降低，还有有利于贸易自由流通的制度架构，这些加在一起构成了全球化的基础。

第 12 课

端起碗来吃肉,放下筷子骂娘

全球化意味着什么

谈完刘向的跨国个性化服装制作商业模式，陈笛对中国的兴趣又多了些。她的中文知识，还有每年去中国过暑假的经历，或许今后有助于让她办公司在中美之间经营。她1994年出生在美国的威斯康星州，从小在美国长大、受教育，所以，她作为美国人的定位历来很明确，以至于在她妈妈说中国多么多么好的时候，陈笛会本能地跟妈妈争论。这种争论，慢慢地让陈笛对中国有了一种很复杂的感觉。我们全家每年暑假去中国，去多了，她就会问："为什么我每年必须去中国？我是美国人，白人同学不用去中国度暑假，而就因为我是华裔美国人，所以就必须每年把暑假花在中国？为什么我就不能选择不去呢？"

这几年，围绕每年暑假要不要去中国两个月的争论一直在升温，陈笛跟她姐姐站在一边，我跟她们的妈妈站在一边。随着她们越来越在意自己的同学和朋友圈，这种争论只会越来越尖锐。

不过，看到跨国商业机会、特别是在中国和美国间存在的商品价格差别之后，陈笛对学中文的兴趣增加不少。

陈笛："全球化很有意思。看来，只要同样东西的价格在中美或者其他任何两个国家之间差别足够大，那么，在国家之间做贸易就一定能赚钱。比如，在中国制造运到美国卖，或者在美国制造运到中国卖，这些创业机会都存在。"

"正是这样，今天全球化提供的机会与以前很不同，特别是当产品市场规模被推到一个新的高度以后。

"以前我们谈过沃尔玛公司，原来它只是在美国各地开分店，把多数夫妻杂货店挤掉。沃尔玛之所以能把这些小规模杂货店挤掉，是因为它的规模很大、客户数量庞大，能够跟供货商砍价，使沃尔玛具有很大的价格优势。2006年时，在美国，沃尔玛每周有1亿多客户前来购物，在美国之外的14个国家，有近3000家分店，也有1亿多客户。国内、国际销售网加在一起，使沃尔玛一年的销售额超过3500亿美元，这种全球化了的规模使沃尔玛能胜过任何竞争者，更有能力跟供货商砍价。

"对供货商来说，谁能给沃尔玛供货，谁的产品销路就能立即遍及15个国家，2亿多顾客。也正因为这个原因，哪家公司不能在国际市场上做跨国销售，或者不能在全球范围内找最便宜的地方生产制造自己的产品，哪家公司就会被竞争对手挤掉。"

陈笛："行业内的竞争不是历来就有吗？"

"是的，不过，原来规模的因素没有这么强过。还是以刘向的跨国个性化服装公司为例，上次我们谈到，刘向以 55 美元左右的价格向美国中产阶层提供量身定做、个性化的衬衣，以外包到中国制造、规模化经营为其商业模式。他这样做，立即对美国现有的男士正装专卖店构成威胁。男士正装行业历来有竞争，但以往的竞争，都是美国各地区本地人之间的竞争，那些男士衣服在本地制作，又只在本地的小社区里销售，也没有连锁，所以，在成本和规模上都处于劣势。

"最近，刘向在跟哈特福特（Hartford）市的一家男士正装店谈判，希望由这家店帮他代销量身定做的衬衣。但问题是，这家店现在连成衣也卖 120 美元一件，又怎么会愿意帮助刘向销售量身定做而价格才 55 美元的衬衣呢？如果他们愿意帮刘向做销售，这等于是把现在的成衣销售业务给毁了；而如果他们不与刘向合作、坚持以 120 美元的价格销售现有的成衣，那么，来自刘向的价格更低而又是量身定做的正装会把他们慢慢挤垮。"

陈笛："那最后刘向跟他们如何谈呢？"

"最后，他们找到一个折中点，让这些男士正装店以 80 美元一件卖刘向的个性化衬衣，其中 40 美元给这些零售店。这样，他们当然要牺牲掉原来 120 美元一件成衣的业务，由于这些昂贵的成衣销量本来就很小，所以牺牲不是太大，现在是量身定做而且还便宜，销售量肯定要大增。这样，刘向希望找许多家男士正装店帮他代销，以此拓宽销售渠道。这种安排，也会让刘向在利润上做出不少牺牲，暂时赚不了什么钱，但是，这让他在市场规模上能很快打开局面。等有了规模和品牌后，他可以提价，也可以减少运输等方面的成本，并跟那些代销正装店重新谈判。"

陈笛："在学校，我们老师讨论到全球化跨国贸易时，有一种观点认为，这些外贸，特别是把衣服制作、商品制造都外包到中国、印度后，使美国相应的行业失去许多工作机会，比如，你刚才讲到的这些制衣店、成衣店的工作机会。所以，他们认为这种全球化对美国不一定有好处。"

"从表面看，好像美国的制造业的确在失去许多就业机会。比如，我们以前住过四年的俄亥俄州，那里曾经是美国汽车制造业、机械制造业基地之一，几乎所有的大小城市都有一些制造厂。可是，在过去十几年，这些制造厂相继关门，都往中国的东北、浙江、江苏迁移。结果，俄亥俄州许多工人失业了，直到今年总统选举，还是哪个候选人反对全球化国际贸易，哪个候选人在俄亥俄州就能赢,因为这涉及许多俄亥俄州人的饭碗问题。

"原来那些制造业的老板,现在基本都转变成了机械制造品的国际贸易商。比如,现在每次我从中国返回美国的飞机上,经常能碰到从中国回俄亥俄州的汽车配件贸易商,他们会告诉我,过去他们在俄亥俄州有汽车配件厂,但现在都搬到了中国,在中国东北生产同样的汽车配件,运输到北美,再卖给通用、福特或者那些汽车修理厂。这样,他们就成了中间贸易商。这种安排其实很有道理。因为一方面,这些中间商熟悉这些汽车制造公司和汽车修理厂,有销售渠道,另一方面,他们有过自己的汽车配件厂,熟悉这些技术,所以,两边都合适。这种在全球范围内的专业分工不是很好吗?"

陈笛:"其实,我觉得这种跨国贸易安排对美国社会非常有好处。对俄亥俄州的人来说,他们可能失去了工作,这是不利的一面,但是,更多的美国人可以买到更便宜的汽车和配件。比如,像刘向的个性化衬衣只要 55 美元到 80 美元,而有的不是量身定做的成衣还要 120 美元一件,所以,有了刘向的公司以后,更多美国人不是可以付更少的钱,就能买到更合身、式样更有个性的衬衣了吗?这些节省下来的钱不是可以让美国人用同样的收入买到更多的东西吗?所以,国际贸易好不好,要看对美国社会总体的影响如何，不能只根据对部分群体的影响下结论。"

"当然，问题还不只在美国。在中国方面，也有很多人抱怨、反对全球化。好像参与全球贸易的各国，都在说自己从国际贸易中吃亏了。世界上的事有时真好玩。中国方面的抱怨是，卖出去的东西太便宜了。

比如说，一件衬衣在美国可以卖 55 美元，而中国的制衣厂才拿 15 美元，所以他们觉得，这是全球化给中国带来的剥削。特别是，有人计算了一下，要 8 亿件衬衣的利润才能够买一架波音飞机。"

陈笛："这种指责站不住脚。如果说美国方面抱怨这种贸易，是因为美国丢掉了工作机会，那么，中国不就是得到了这些就业机会吗？其实，我觉得，不能以这些衬衣在美国能卖多少钱，来看中国制衣厂得到的收入是多还是少，而是应该以在中国当地同样的衣服能卖多少钱为标准，也就是以中国本地的劳动力成本和其他成本为参照标准。因为如果没有跨国贸易，中国的制衣厂甚至无法得到美国的价格。"

"这是一个很经典的问题。以前，我们中国人从来就不觉得商人创造价值。很多人总认为，只有生产东西的活动才创造价值。

那么，如果国际贸易商只是把东西从中国运到美国，这中间没有多生产出任何衣服或者机械品，也能够赚钱，那不是在不劳而获、在剥削吗？他们创造价值吗？"

陈笛："我认为他们也在创造价值，甚至是很高的价值。比如，刘向的公司，实际上为中国带来了更多的工作机会，也直接让中国工人和工厂的收入更高了。在美国这边，美国人付出更低的价格，就能买到同样或者更好、更合身的衬衣，这实际上给美国家庭带来更高的真实收入。所以，中美两方的老百姓都受益，这就是刘向所创造的价值。结果是，中国社会、美国社会、刘向的公司三方面都赢。"

第 12 课 端起碗来吃肉，放下筷子骂娘：全球化意味着什么

中国有句俗话说，"端起碗来吃肉，放下筷子骂娘"。全球化在中国、美国和其他国家得到的名声似乎就是如此，大家总体上都从中得到好处，但谁都要骂娘。实际上，在今天的国际秩序下，任何国家如果不愿意参与全球贸易，都能自由退出。既然没人强迫还愿意留在其中，那自然说明是对自己有好处的。

这次跟陈笛的对话，更多的是我问她答。让我吃惊的是，在没有受过经济学训练的情况下，她对国际贸易、对市场交易的理解还这么到位，看来市场经济的原理真是天然的，只要有一些悟性，就能领会到。陈笛说，她天生的兴趣就是要赚钱。看来，只要具备这个兴趣，对市场、对商业的理解就顺理成章了。而全球化，又让她感受到她们这代人的无限商机。

第 13 课

杰克在中国

创业是一件体验人生的事业

我很幸运，因为在耶鲁大学做教授，经常有机会认识来自各国各界的出色人物，除了了解他们在学术研究、政策观点、文学艺术创作和社会政治思想等方面的高明见解外，也能聆听他们各自的人生经历。可谓得天独厚。

我们以前总想，人一旦满足温饱之后，难道还有别的追求？人再富，也不能说：因为我有钱，所以，我每天吃八顿饭；即使是夏天，也要穿十层衣服；尽管黄金对人体有害，但我还是要在饭里放黄金；或者，虽然我一次只能开一辆车，但我要买上二十辆好车，并同时开着。正常人都知道，只有疯子才这样做。那么，衣食住行等生活挑战、父母家庭养老等需要都满足后，甚至给后代也留下足够财产之后，工作和生活还有什么意义呢？

3月25日，回到家，我跟陈笛说："今天，在耶鲁管理学院，有一位叫杰克（Jack Perkowski）的先生来演讲，题目是'管理巨龙：我是怎样在中国创建亿万美元公司的？'（Managing the Dragon：how I'm building a billion-dollar business in China）。杰克是我的老朋友，过去在北京见过好几次，也给我的MBA

第 13 课 杰克在中国：创业是一件体验人生的事业

学生讲过课。他的经历非常有意思，他一句中文也不会，但是，自 1993 年至今，一直生活在中国，住在北京。这些年，他致力于创建'亚新科工业公司'（Asimco Technologies），公司去年销售收入 5 亿美元，他自己的财富也早超过几亿美元了，真了不起！"

先读耶鲁本科，再读哈佛 MBA

陈笛："他不懂中文，怎么能在中国工作、生活呢？真令人难以想象。"

"杰克的故事简直让人难以相信。但是，他的故事也很能代表美国文化。说到底，在人的收入水平足够高之后，生活的意义更多在于成就感，特别是超出常规的成就感，就是所谓的'乐在其中'，而不只是最后赚钱多少。

"杰克的家境再普通不过了。他爷爷于 1900 年从波兰移民到美国的匹兹堡，做煤矿工人，父亲原来在匹兹堡的一家机械制造厂当工人，母亲在美国电报电话公司做普通接线员，父母都没上过大学。杰克在匹兹堡上的中学很一般。他喜欢橄榄球，在中学橄榄球队打得很出色。所以，他 1965 年高中毕业时，被耶鲁大学录取，并拿到耶鲁的橄榄球奖学金。他能进入耶鲁读书，对于他们家来说，真是做梦也没想到的。"

陈笛："是啊，我也想进耶鲁。如果能进，我也会非常高兴。"

"不过，你比当时的杰克要幸运多了，你现在就生活在耶鲁大学周围，上着非常出色的中学。相比之下，杰克的父母是蓝领劳动阶层，很难给他太多知识上的帮助。杰克从耶鲁毕业后，去了华尔街的一家叫'Morgan Guarantee'的公司，也就是现在的摩根大通银行，在那里工作了两年。1971年他又去哈佛商学院读MBA，学习工商管理。"

陈笛："他读完耶鲁后，为什么还要去哈佛商学院读书呢？"

"在耶鲁读的是大学本科，你知道，耶鲁本科教育是注重全方位的基础教育，人文艺术、社会科学、自然科学、数学与工程等等各方面都要学，目的是首先教每个学生怎么做社会中负责任的公民、怎么独立思辨，让他们对自然界和社会、历史都有些了解，也就是所谓的通识教育，而不是教学生具体的谋生技能。

"谋生技能，或者在任何专业学科的深入研究，这些是大学毕业后、读研究生时期的任务，MBA就属于研究生学位。实际上，

第 13 课 杰克在中国：创业是一件体验人生的事业

耶鲁本科教育的定位很简单，我们总说，如果从耶鲁大学毕业时任何本科生成了哪个领域的专家，我们会觉得那是耶鲁本科教育的失败，因为我们不希望任何本科生太窄地专注一门学科，而是希望学生全面学习。这也是为什么很多耶鲁毕业生，工作一两年后，再去哈佛读 MBA，把耶鲁、哈佛的光都沾上。"

15 年投行经历，最后投资却失败

陈笛："那么，杰克读完 MBA 后，去了哪里？"

"还是回到华尔街，去了一家叫'Paine Webber'的证券公司工作，这家公司现在已被并到瑞士银行了，当时是一个很出色的华尔街公司。他在那家公司的投资银行部工作，简单说，他的任务是帮助那些需要资金的企业融到资金。

"比如，如果常州天合太阳能公司需要 1 亿美元资金扩建工厂，那么，他们可能去找投资银行，由投资银行家帮助找到投资者，谈好价钱，也就是谈好这 1 亿美元可以换成多少天合的股份，也安排好其他的投资条件。然后，在投资银行家的撮合下，投资者把这 1 亿美元汇给天合，而天合把股票发给投资者。

"投资银行家只是中间人，把资金的需要方与提供方凑到一起，做成交易，他们赚中间人佣金。投资银行佣金通常是成交投资额的6%，也就是说，帮助融资1亿美元时，投资银行家要赚取600万美元，这相当不错。这也是为什么许多耶鲁MBA和本科毕业生都向往去投资银行工作，那很热门。如果帮助融资100亿美元，你能赚6亿美元，这样的事谁不愿意呢？

"刚到Paine Webber时，杰克主要做私募股权销售，也就是说，帮助那些股权还没有上市交易的私人公司融资。他的任务，是把那些私人公司的股权卖给私人投资者。比如，他帮助过你以前喜欢去的海洋世界公司发行股票。

"从1973年开始，做投资银行业务9年之后，杰克被提拔负责该公司的房地产行业融资部。上任两年内，杰克就把房地产投资银行部的利润增加到占整个公司投资银行收益的40%。正是由于他的成功，公司看到他的能力，1984年让他接管整个公司的投资银行业务。接下来，公司投资银行利润在两年内翻倍，第三年再增加50%，第四年增长30%。可是，到1987年10月，美国股市发生大崩盘，对投资银行业产生很大冲击，使Paine Webber以及杰克的工作难以继续下去。"

陈笛："不过，杰克到那时已经做了15年的投资银行家，应该赚了很多钱，他怕什么呢？"

"他的确不用怕。他当时已经是Paine Webber公司的高管

第13课 杰克在中国：创业是一件体验人生的事业

和董事。1988年底，他跟几个朋友一起成立并购私募股权基金，其目的是从许多投资者那里募集资金，然后，用这些钱去收购很有价值潜力的公司。换句话说，他们希望用自己对经济或者行业走向的判断力，以超过别人的能力去挖掘那些价值被忽视的公司。把这样的公司买下来，将其整合、重组或者改善其商业模式，整顿好后再出售，或者让公司股票重新上市交易。杰克他们的想法，是希望赚取卖出时和买进时的差价，以此获得投资回报。可是，一年后，他们放弃了。"

陈笛："为什么放弃？这听起来是很好的商业理念，他们又有融资能力，若能找到好的价值公司投资，不是很容易成功吗？"

"问题是，当时，有太多从华尔街退下的人都在做并购私募股权基金，就像现在中国也到处是私人股权投资基金一样，大家都去抢同样的价值公司，结果使这些公司的价格越抬越高，收益回报越来越低。"

到香港去淘金

"到1990年，杰克41岁，已经有了19年华尔街投资银行经历。这个时候的杰克已经赚了很多钱，身价早已超过数百万美元,他的财富已经是他父母一辈子都无法想象的。衣食住行,过任何正常人的生活,对杰克来说,已经不是问题。到这个时候,也就是人到中年了,杰克开始想:我下半辈子要做什么?显然不只是要赚钱。他想,上半辈子的工作是为了谋生,也是为了积累经验,但下半辈子必须做一件体验人生的事业。

"并购基金的失败,让他意识到,如果只是做'人做我也做'的业务,那是难以成功的。如果要真正成功,则必须抓住某种大方向、大趋势,然后在别人还没有完全认识到的时候,超前一步进入那个行业。这样,等更多人也认识到的时候,你已经先到了,你才算大成功。

"正巧,就在杰克琢磨下一个大机会在哪里的时候,他偶然看到《商业周刊》杂志刊登的一篇对美国财政部长的访谈,内容是关于香港的发展前景,其中有段话对杰克特别有吸引力,那位财长说:'如果我才 40 岁,我就会搬到香港去!'

"杰克想,我正好 41 岁!为什么这位财长对香港前景那么看好呢?看来,他说这话肯定有原因。但问题是,杰克从来没有去过亚洲,更没有去过香港或中国其他地方,在耶鲁读书时也没学过香港历史、中国历史,更没学过中文。所以,香港对他是个谜,这下也好,他找到许多关于香港的资料,研究起来。

"1990 年 10 月,杰克跟他的朋友比尔一起,启程去香港,开始他的第一次亚洲行。他们去干什么呢?去之前,他们订出

第 13 课 杰克在中国：创业是一件体验人生的事业

一份很简单的商业计划：既然亚洲占世界人口 40%，发展潜力当然最大，所以，发财机会也自然在那里。另外，他们想，美国和欧洲的平均年龄接近 40 岁，而亚洲的平均年龄 30 岁不到；不是说，一般的社会都是老年人存钱、年轻人花钱吗？如果真是这样，年轻人比例很高的亚洲社会不就有很多的消费需求，那不就有了巨大的增长空间吗？——虽然后来他们发现真实的亚洲社会不喜欢消费，而更喜欢存钱，不过他们当时真的是那么想。事后看，当时的他们是多么天真。带着这些想法和满腔热情，他们去了香港。"

陈笛："他们为什么了解这么少呢？不是有很多书和研究报告吗？"

"这就是为什么有时候读书不如去实地考察了。尽管我们每年去中国，但是，对多数美国人来说，他们可能一辈子也不会去，对亚洲的了解也只能停留在媒体和书本上了。

"到香港之后，他们发现人们都在谈论内地的机会是如何如何好，这一点让他们又很吃惊，因为他们在美国时很少听人谈到中国内地的投资机会。这一点在今天看来可能很难理解，但是在 1990 年，情况的确不一样。

"他们起初没打算去中国内地，但是，在香港听到这么多人谈到内地的商业机会是多么多么好之后，他们忍不住坐着火车到香港跟深圳交界的地方，站在香港那边的山上，向中国内地境内遥望了一个小时，那次遥望的确增加了他们的好奇，也让他们更想去中国内地试试。"

搬到中国内地开公司

陈笛："看来，杰克的中国经历很有戏剧性，我原以为人的生活历程更多是经过仔细思考、计划的。或许，这种没有计划的生活更有意思？"

"1990年底，杰克回到纽约，接下来的一年又去过香港几次。最后，他感到，如果要在香港发展，就必须身在其中；假如人在美国，很难感受到并抓住机会。就这样，1992年，杰克打起家当，搬到香港。这一年他也平生第一次到了中国内地，因为听到这么多人谈论内地的机会后，他实在坐不住了。一开始，他家在香港，但有时飞去内地。这十几年里，他到过中国五十几个城市。

"不过，虽然中国题材很热，但对于他这个中国外行来说，能去做什么呢？杰克知道，自己的强项是投资银行，有许多投资者网络和资金来源，而中国的发展又需要很多资本，这两者合在一起必定是极好的组合，只是他不知道哪些行业、哪些项目最有前景。

"当然，杰克可以组建一个投资基金，把钱分投到许多行业的众多项目上，这样可以分散风险。可是，杰克觉得这样不是很理想，因为他认为，如果分散到太多行业，那么，不管在单个行业里的投资有多少，他照样要花同样多的时间去分析、跟踪那个行业的发展趋势，要做很多的研究投入。关注的行业多了，弄不好，到最后他可能对任何行业都不了解。于是，他决定集中在一个行业投，通过在那个行业投资许多公司，最终让自己成为那个行业的龙头控股公司。"

陈笛："问题是，如果集中一个行业，万一对那个行业判断错误，或者那个行业出现问题，他的基金不就难以做下去了吗？这种单一行业的投资商业模式，风险很大。"

"所以，行业的选择非常关键。1992年年中，一个偶然的机会，杰克应邀参加《欧洲货币》杂志在上海组织的一次会议，那也是杰克第二次前往中国内地。那时他正在寻找一个可以去进行重点投资的中国行业，在那次会议上，德国大众汽车一位高管的报告让他很兴奋。那位德国经理说，他们非常看好中国的轿车市场，认为中国正在增长的中产阶层会带来巨大的汽车

需求，德国大众的未来收入增长应该主要来自中国的国内市场。等到这位经理讲完，进入互动环节，一位听众问：'大众汽车在中国扩大生产和销售的最大挑战是什么？'那位德国经理回答说：'最大的问题是保证高质量汽车零部件的供应。'这下好了，杰克的商业灵感就有了：'我要成为中国最大的汽车零部件制造商，甚至要成为全球最大的零部件商！'

"就这样，1993年初，杰克选定中国汽车零部件行业作为

第 13 课 杰克在中国：创业是一件体验人生的事业

其集中投资的领域。1993 年前 9 个月，他和团队走访了 40 座城市里的 100 多家工厂。亚新科集团于 1994 年 2 月正式成立，首期从境外融资 1.5 亿美元。在 1994 年至 1997 年间，共建立 11 家合资公司，其中对几家核心汽车零部件企业的控股收购也在这一时期完成。

"到今天，共有 17 家零部件生产基地，分布在中国的湖南、安徽、四川、湖北、江苏、广东、山西、北京和黑龙江等省市，也有了 55 个销售网点，包括一些在美国、欧洲和日本的网点。他们的发展战略是，先在中国建立生产制造基地，发展中国境内的市场，然后将销售网扩大到全球，成为全球化的直接行动者。"

陈笛："他们为什么把生产基地分散到这么多省份，这不是会增加管理成本吗？"

"是有这个问题。但好处是，由于销售市场遍及全国，甚至也到国外，在不同地方生产，不是也能就地销售、减少运输成本吗？再者，现在中国的高速公路、铁路网络很发达，异地运输不是问题，运输成本也下降了很多，这些已把中国各省之间的心理距离大大缩短。正因为这些交通运输技术及手机等通信技术的进步，不仅各省，甚至各国的工厂和销售办公室都能连在一起，成为一个公司，而且全球化也早已从一个概念变成了

143

非常可行的现实。这些新现实，的确给人们带来了全新的商业机会和更加出奇的人生体验。你现在知道为什么妈妈要你学好中文了吧？"

杰克的故事以及他的商业模式，给我和陈笛很多启发。他没有学过工程技术，更没学过汽车制造，但今天已经利用他的华尔街融资网络，还有在中国和美国等地的销售网络，创办了价值超过10亿美元的中国公司。原来，全球化带来的机会可以有这么多不同的形式，也存在于不同的行业，真是学不完，用不完。

对于杰克来说，从他的言谈和讲座中，我能充分感受到他对自己人生经历的满足，特别是他对几乎纯属偶然的"中国梦"的满足，这一切当然是1965年身在匹兹堡的一个普通高中毕业生无法想象到的。让他最为欣慰的不一定是赚了多少钱，而是回过头看，在"中国热"还没起来的1992年，在他还从来没去过中国的时候，他就走在别人前面，选择把家搬到香港、随后搬到北京，尽管当时看来那是多么莫名其妙！或许，这就是超出赚钱之外的人生意义。

第 14 课

尹明善先生主宰命运的故事

创业不论年龄

从 2003 年开始,我每年都要带上几十位耶鲁大学 MBA 学生,去中国考察、访问一些公司。这些学生平均年龄在 29 岁左右,来自许多不同的国家,像 2009 年这 40 多位同学,分别来自 17 个国家,除少数几个外,基本上都是第一次去中国。正是出于这方面的考虑,在过去 7 年中,每次访问,我们都搭配不同的访问点,要访问的民营企业和外企一般在 12 家左右,国企和政府机构有五六家不等。

按理说,这么多年下来,我该感到累了。但是,客观地讲,每次访问都让我学到许多新东西,让我感受到人性的力量。像这次,我们于 2009 年 1 月 10 日从北京开始,四天后去重庆,在重庆访问了力帆摩托,得到其创始人尹明善老先生的亲自接待,也访问了富侨足疗公司创始人郭家富先生、小天鹅集团创始人何永智女士,他们的个人创业故事,特别是他们人生阅历中跌下去、再爬起来的精神毅力,无不感人。我的学生说,原来只从报上读到过中国经济崛起的故事,但头脑中没有一幅具体的中国经济如何崛起、是谁在推动它的图景,但看到、听到这些个人化创业故事后,现在终于对上号了。自己创业历来是我们 MBA 崇尚的文化高点。

"陈笛,这次我们去重庆,见到尹明善先生,参观了他的力帆摩托、力帆汽车车间,非常有意思。尹先生今年 71 岁,创业使他成为亿万富翁。"

陈笛:"他是怎么创业的呢?"

"1992 年,他 54 岁时才开始创业进入摩托车制造业。他的公司创立不到 17 年,如今年销售额超过了 100 亿。他那么晚创业,也能这么成功,本身意义就很大,起码说明创业不只是年轻人的事。"

陈笛:"为什么那么晚才开始?"

"这跟中国过去几十年的历史有关。尹先生出生于重庆涪陵,他家有土地,在以前的意识形态下,有土地、有财富就是'坏分子'。就这样,他家就有了所谓的'成分问题'了。1953 年,他家土地被公有化、被没收了,他和母亲被发配到郊区一座山上居住,那时他才 15 岁。由于母亲小时候裹过脚,不便行走,不能劳动,所以,15岁的尹先生扛起了赚钱养家的重任。尹先生说,那时生活压力逼他赚钱的经历,为他后来的商业能力打下了关键基础,真是逆境磨炼人呐。1958年,念高中三年级的尹先生,因一位好朋友的家庭在考虑移民美国,也因'有右派言论',遭到了失学;1961年,他的罪名上升为'反革命',坐牢九个半月,之后被发配到塑料厂劳动。他的'牛鬼蛇神'日子——这是以前中国形容受意识形态迫害的人的名词——一直持续到1979年,那年他41岁,终于被摘掉'反革命'帽子,能更正常地融入社会。

"尹先生做过工厂英语资料译员、重庆广播电视大学英语教师、重庆出版社编辑。1985年底,他创办重庆长江书刊公司,是重庆最早的书商,也小有成就。1991年,尹先生听一位摩托车厂的朋友说,他们工厂每月从河南买几百台发动机,价格高但质量一般,而本地的大厂又不愿把发动机卖给小摩托车厂。1992年,看到商机的尹先生跟其他几位朋友一起,共凑了20万元,在重庆郊区农村租了个不到40平方米的房间做车间,成立'轰达车辆配件研究所',也就是后来的力帆集团前身,开始制造摩托车配件。做了一年配件后,尹先生发现利润很薄,只够持平。有一次去重庆大摩托车企业——建设集团的维修部,他发现,如果把摩托车发动机配件买来,成本是1400元,组装了再卖出去,能卖到1998元,有近600元毛利,远比造配件赚钱,这是连建设集团自己都不知道的秘密!"

陈笛:"从配件到整机,利润差别为什么会这么大?难道成本结构不同?"

"这是一个很普遍的现象。关键在于整机是摩托车消费者看到的,整机有品牌效应在里面,而那些配件埋没在整机之中,用户可能根本不知道,也不一定在乎配件是谁制造的,配件制造商成了'无名英雄',他们很难加进品牌溢价,也就没有什么利润了。换句话说,因为配件品牌不重要,谁做都行,而整机是消费者看到的,品牌很重要,是信不信得过的关键,所以,利润就会高。在整个制造链上,谁离终端消费者越近,谁的利润越高。"

陈笛:"苹果公司的 iPod 是不是也这样?我们同学都喜欢苹果公司的产品,它的品牌对我们总是最有吸引力,不过它的产品总是贵得离谱。"

"是呀,我的一位大学同学,在北京专门研究、制造类似 iPod 这样的音像放录产品,卖给消费者。他说,跟 iPod 同样功能的产品,他不要 70 美元的成本就能做好。可是,他的产品售价不到100美元，而苹果iPod的价格却能达到500美元，还越卖越俏。

"像那些女士用的化妆品更是这样，许多化学品公司只制作化妆品公司需要的化学原材料，而不制造女士消费者看到的化妆品，结果，它们的利润很少，相对的股票价格一般也都很低。但是，化妆品公司因为拥有消费者熟悉的品牌，从而获得较高的利润。有的化妆品公司甚至把产品制造业务全部外包给那些化工厂，要化工厂制好后，帮化妆品公司贴上品牌商标，从工厂直接发货到各零售店。整个过程中，化妆品公司可能一点也不插手，但是，利润主要还是要给化妆品公司，因为它们拥有品牌，拥有消费者的信任。"

陈笛："既然这样，为什么那些化工厂、配件厂自己不去开发品牌，也赚品牌的钱呢？"

"这是一个困扰许多中国公司的问题。有多方面原因。一是，在中国，保护商标、品牌或者其他无形资产的法治架构没到位。中国传统社会的思想意识里，人们历来不认为品牌有多重要，不认为无形资产值什么钱。在这种社会环境下，没有人愿意在品牌、无形资产上进行投资。二是，即使在美国，也有化工厂选择只为那些化妆品公司外包效劳，它们将自身定位在外包业务上，专门为多家化妆品公司提供外包制造服务，从规模上制胜。最后，就是品牌的建立和维护，需要花钱做广告，做形象设计等等，这些需要很多资金支持。在中国，主要的社会资金存在国有银行里，而国有银行又主要为国企服务，那些民营企业、个人创业的企业很难得到足够的资金。"

陈笛："那么，尹先生又是怎么走出来的，他怎么克服品牌的挑战？"

"1993年，他开始组装、销售发动机，一年内就尝到500万利润的甜头，当时这是很大的一笔钱！认识到整机和配件的这种定价差别之后，一方面，尹先生继续投资研发新的发动机，这让他成为国内发动机主要制造商之一；另一方面，他开始制造摩托车整车，因为毕竟发动机只是摩托车的部件之一，整车的利润才最高！到1998年，力帆摩托已经在全国销售，并开始尝试出口。

"对力帆品牌比较重要的一件事，是2000年8月，尹先生以5580万元买下寰岛足球俱乐部，将其改名为重庆力帆。买过来后，力帆集团每年要再补进去2000多万的开支。掌控力帆足球的头三年，力帆集团共花现金1.7亿。值不值得呢？尹先生说，'力帆在买足球俱乐部之前，辛辛苦苦地干了八年，全国最多有2000万人知道，而且还主要是摩托车消费者。现在知道力帆的人至少有3亿，因为中国有3亿球迷。这个效果是每年花几千万做广告都无法达到的。'

"尹先生的足球俱乐部还有另一个让人津津乐道的故事。他们引进了越南的头号球星黎玄德，这是越南第一个在国外踢球的球员。2001年10月，黎玄德代表力帆俱乐部进了一个球，越南各报纸全面欢呼，产生了极大的品牌效应！越南曾经是日本摩托车的天下，但力帆摩托不久就取得了越南市场的龙头地位。也因为涉足足球，乌拉圭一个客商就认定力帆是一个大企业，

第 14 课 尹明善先生主宰命运的故事：创业不论年龄

这让力帆摩托打开了南美洲市场。在尹先生看来，力帆足球俱乐部是力帆集团最好的'名片'，帮他在国内外打开并巩固了许多市场。"

到了今天，力帆集团已经是重庆最大的纳税企业，雇用了 14000 余名员工。力帆摩托销往 20 几个国家，成为中国摩托车行业最大的出口企业。2004 年，力帆集团进入汽车制造业，力帆汽车也在国内外市场两边销售。在重庆郊区的汽车组装车间里，我和学生们都试坐过力帆汽车，感觉上要超过美国的别克车。

除了商业模式、运作思路上尹先生给我们启发外，他为人的真诚、态度的谦和更是让人如沐春风。他从小开始的人生经历，个人命运的两上两下，都没有削弱他奋发创业的信心，没有磨损他以善待人的处世态度，见到他，你感觉不到他是个这么成功、这么富有的人。他曾经历尽坎坷，54 岁了才开始创业，并且取得了如此成就，我们比他更年轻的人，还有什么理由不奋发呢？

第 15 课

无股权不富

把未来的收入变成今天的财富

"陈笛，长大后你想做哪行？我知道，你的目标是20岁时成为百万富翁。可是，做哪一行能最快实现这一目标呢？"

陈笛："以前谈到过做电力、能源公司，但你说那些行业政府管制多，不容易自由创业。不过，我一直想创作儿童漫画，写成可爱的漫画书，然后，再根据这些漫画延伸出许多服装、玩具、文具用品等产品，就像迪斯尼那样，延伸出整个相关的产业。这些书、玩具、文具可以是英文的，也可以翻译成中文、日文、德文等等。这样，不就有很大发展空间吗？"

"这很好，看来，今年暑假你可以开始设计、写作漫画书了。不过，你也可以考虑办基金管理公司，成立股权基金，吸收个人和机构投资者把钱委托给你，帮他们用钱赚钱，这样，你也能成亿万富翁。"

陈笛："但是，那种工作听起来不太让人激动，就只是做股

第15课 无股权不富：把未来的收入变成今天的财富

权买卖投资吗？"

"以前，中国有句俗话说，'无商不富'。这话说得有道理，只是传统的'商'，最多只能带来小富。比如，搞异地贸易，从价格低的地方买货，运到价格高的地方去卖，就像刘向，在中国制作衣服，然后到美国卖，一件能赚10到20美元的毛利，10万件衣服，才能赚100万到200万美元毛利。但中间成本很高，卖10万件衣服也不容易，去掉成本后，不会剩下多少利润。传统的餐饮业也如此。换句话说，卖东西、卖服务的传统商人，比一般工薪阶层赚的钱多，但只能成小富，成不了亿万富翁。"

陈笛："那按你的意思，怎样才能成亿万富翁呢？"

"现在，中国的俗话'无商不富'，应该改成'无股权不富'，至少是无股权难以'大富'。差别在哪里呢？传统商业的特点，都是卖产品、卖服务，赚当前的钱，得一天天去赚、去累积。但人的生命有限，每天的买卖赚得再多，一辈子也就这么多天，而且还有生病、节假日等等。

"但是，有了股权交易市场后，比如股票市场，财富增长的空间就彻底改变了。在正常情况下，股权价格是未来无穷多年利润预期的总值，也就是说，如果一个公司成功了，职业化的管理也到位，这个公司就具有经营下去的前景，拥有这个公司的股权，等于拥有了这种未来无限多年收入流的权利。

"当你卖掉这种股权时，等于在卖出未来无限多年的利润流，这就是为什么靠股权赚钱，远比靠传统商业赚钱来得快，财富规模来得大。你想，那些靠自己一天天累积利润、靠长寿来最大化个人财富的人，怎么能跟那些通过股权交易，将未来无限多年利润今天就变现的人比呢？后者获得的利润，不受自然人的寿命限制。"

陈笛："你是说，这就是为什么盖茨、李彦宏、施正荣二十几、三十几岁能成为亿万富翁的原因？"

"是的。不过，自己创办职业化管理的公司，培植公司无限多年生存下去的能力，从而使股权具有极高价值，并不是实现'股权致富'的唯一方式，办投资基金公司、做股票投资者也能做到这一点。

"比如，今天美国最大的证券基金管理公司——富达投资基金公司（Fidelity Investments），管理着近两万亿美元的财富，也由于该公司的成功，它的主要创始人约翰森先生，早就成了亿万富翁。为什么这个公司能这么成功？背景是什么？

"富达基金成立于1930年，但由于经济大萧条，证券基金

第15课 无股权不富：把未来的收入变成今天的财富

没有起色，难以募集到个人或机构投资者的钱。1943 年，约翰森先生接手管理该基金。到 1946 年，管理的资金总额才 1300 万美元，规模不是很大。在那种情况下，很难说富达基金的前景怎么好，因为整个基金管理行业的前景都很黯淡，那时人们还不知道证券投资基金是怎么回事，即使有点闲钱，也会觉得自己买卖股票就行了，为什么要找专门的投资家代他们做投资呢？整个投资基金业的立足点没找到。"

陈笛："那后来的发展是怎么出现的呢？"

"对富达基金管理公司最大的突破性事件，是 1952 年聘用蔡志勇先生。这简直是传奇式的故事。蔡先生 1929 年出生在上海，读完高中后，1946 年只身赴美国留学。1952 年，他在波士顿大学念 MBA，还没有读完学位，就决定到富达公司，做周薪 50 美元的初级分析员工作。1957 年，因为蔡先生的建议，富达基金公司决定推出'富达资本基金'（Fidelity Capital Fund），并由蔡先生做该基金的投资总经理。

"蔡先生的最大突破，是改变富达以往保守的投资方式。原来的富达基金，主要投资高分红的公司股票，在蔡先生看来，买这些股票就像买年利率固定的政府公债，主要靠分红赚钱，跟政府公债、银行存款的年利息差不多，风险是小，但永远也富不了。他觉得这种投资基金等于跟银行存款竞争，没有意义。

"他认为，真正能体现股权投资价值的，是具有巨大增长潜力的公司股票，那才是股权投资的意义所在，否则还不如把钱存银行。那些高成长型公司未来无限多年的收入预期，几乎是无穷高，公司股票未来收入预期的总值，也几乎是无穷大！投资这样的公司才是真正的致富之路！所以，蔡先生管理的富达资本基金，只投他看好的高增长型股票。

"结果，他的基金投资回报率每年超过50%，这简直是奇迹。很快地，该基金吸引了许多个体投资者，基金总值在几年内上升到10亿美元，成为当时美国最大的证券基金。富达公司的形象和品牌在美国造成轰动，成为美国基金管理业名誉最高的企业。也正因为蔡先生的投资理念，整个证券投资基金业找到了区别于银行的立足点，即不是让投资者赚稳定的保值型红利收入，而是给他们提供'股权致富'的选择。这样一来，富达投资基金公司就有了后来快速发展的立足性主题了。"

陈笛："不过，公司分红的红利收入看得见、摸得着，也很安全，这不很好吗？"

"这就看你追求的目标了。如果你想为到手的钱保值，要求稳定性收入，高红利的公司当然好，可能比存银行好一些，但

第 15 课 无股权不富：把未来的收入变成今天的财富

这不是'股权致富'的路。

"比如，你在 1926 年用 1 万美元购买美国政府公债，然后将每年的利息加本金，再重新投入新的政府公债，到今年，就增长到 79 万美元，这数字不小了吧？可是如果从 1926 年开始，把这些钱年复一年地投到成长型小公司股票中，那 1 万美元今天就能增值到 1.5 亿美元了，你今天也就成了亿万富翁了！这个例子是根据真实数据得到的。你看，是投资高增长型股

权,还是稳扎稳打地买国债或者存银行,最后的致富结果有天壤之别!

"所以,只要你专门挑选有增长前景的公司,不管它有没有有形资产,投资股票或者办股票投资基金,都可以让你享受到'股权致富'的好处。相比之下,如果你投那些高红利收入型的公司股权,更像银行存款,只能慢步走,不是致富型,而是保值型的。高增长型公司才是股权致富的意义所在。"

说完这些,还有一个关键问题没涉及。中国以前也有股份合伙企业,那些股份虽然没有活跃的交易市场,不也是可以买卖吗?为什么以前就不能以"股权致富"?这涉及现代和传统社会的核心差别问题,也就是产权保护体系和契约交易(证券交易)所要求的配套制度架构问题。

首先,一个公司的管理是否能足够职业化、非人格化,将决定该公司的寿命是否能超过创始人的生物寿命,是否能"无限地"活下去。如果公司的管理不能与创始人、主要股东的"自然人格"脱离,公司的利益和股东的家族利益不能分开,公司没有独立的"法人"人格,企业就没有自身的独立生命,顶多是自然人为了小打小闹的短期生意而设,企业的生命跟创始人的生理寿命捆绑在一起。

以费孝通、张之毅先生合著的《云南三村》中的玉村为例,

1943年，张先生回访玉村考察时，发现玉溪旧有富商基本走向衰败。

书中写道："我们看过以上玉溪四户富商之家的衰败情况后，最深刻印象是像文兴祥、冯祥这两位本人兴家的人一经死去，商号即因无人经营而停业。……由于本人在世经营商业时，家中兄弟子女等家人，几乎都是闲散过活，并多有烟、赌等不良嗜好，以致家人中没有一个成器的，所以本人一死，一家即后继无人。"

费、张两先生谈的情况含义甚广，为什么文兴祥、冯祥这些创业者在世时没有培养"接班人"？为什么不能在亲戚以外的范围招募职业化经理？公司的管理显然没有能够程序化、非人格化。从这个意义上讲，基于血缘、不超出血缘关系的儒家文化，是"股权致富"的文化制度性障碍。当然，这个问题很大，另文再谈。

其次，即使企业能够发展到非人格化管理，进而能无限多年地生存下去，也就是说，利润流可以无限地长久，那么，企业股权作为一种长期产权是否能得到保护，这也极为关键。如果产权（特别是无限长久的产权）的所有者得不到保护，不管公司的生命有多长，其股权还是难以有交易市场，至少没有人愿意出高价，也就不会有"股权致富"的通道。

最后，股权的交易市场必须足够广泛，交易成本必须足够低，交易量足够大，否则，股权没有流动性，价值不会太高，"无股权不大富"就难以成立。

所以，法治和产权保护体系，是一个社会从简单的"无商不富"，过渡到"无股权不大富"的基础。

这些内容对陈笛有些难度。不过，通过以前许多案例的讨论，她总体上还能知道这些差别。只不过，迄今为止，她还是不认为办股权投资基金公司是个"正式"的事业，总觉得那不够"实"。

第 16 课

犹太人的钱袋

金融生意赚的钱是"好钱"吗

陈笛："上次你说，富达基金公司非常成功，它的主要创始人约翰森先生早就是亿万富翁，而出生在上海的蔡志勇先生是富达公司在20世纪50年代实现根本转型的关键。不过，这里我不明白，像富达证券基金这样的公司，他们所做的只不过是买卖证券，而不是做实业投资，像建工厂、办餐馆、办咖啡馆、开酒店或者开商场，这些实业公司是在生产东西、创造就业机会，是在给社会做具体的贡献。相比之下，证券交易更像投机，甚至是极短线的买卖投机，这过程中可能也能赚钱，但并没有直接地创造实业。所以，我不太想将来从事证券投资基金管理，这样的创业好像不是那么有吸引力，这种钱赚得好像太'虚'，不够'实'。"

"你提出的这个话题很有意思，也是困扰东西方社会许多世纪的话题。即使在今天的中国，多数人还是把'投资'跟办实业连在一起，把证券交易、金融交易跟'投机'连在一起，总认为'用钱赚钱'是某种意义上的剥削，而只有劳动才创造价值。

"不过，退一步看，股票交易还是传统意义上的'投资'，

第16课 犹太人的钱袋：金融生意赚的钱是"好钱"吗

很多人会说'只要股票持有的时间足够长，那会是投资；如果换手太快，则是投机'，其实，这种根据持有时间的长短来定性'投资'、'投机'的视角太主观随意了，没有道理。

"但是，为什么从根本的意义上讲，买卖股票也是投资呢？原因在于股票只不过是证券化了的公司产权，也就是说，股票跟一般没有在股市上交易的公司股份之间的差别不是别的，只是前者能够在公众之间任意交易、买卖，有了更强的流通性。

"正如我们以前谈到的，买卖这些股票等于是在买卖上市公司的无限多年的收入流权利，这跟把钱投进一个实业公司、换到这个公司的股份这种'投资'没有差别，前者是流动起来了的公司股权，而后者投的是不具有流动性的股权，但都是投资。所以，靠股票、基金或经营股票证券基金赚钱，也是在通过'投资'赚钱，这样赚的钱当然也是'好钱'。"

陈笛："这听起来也有道理。但是，不是也有债券基金、信贷基金吗？我的理解是，这些基金不投资股权，从一定意义上说，是靠放贷赚取利息。那么，他们赚的钱如何解释？"

"关于一般意义上'用钱赚钱'的道德基础，有些很有意思的历史背景。你有一些犹太人同学和朋友，你知道，很多犹太人控制了各种金融公司，包括银行、保险、证券、基金公司。

"为什么犹太人的金融能力这么出色？其中一个很重要的原因跟宗教有关。其实，在16世纪之前的将近15个世纪里，在西方基督教社会和中东伊斯兰世界里，差不多只有犹太人从事有息借贷，他们把钱放贷给别人，通过收利息来'用钱赚钱'，而基督教徒和伊斯兰教徒可以借钱给别人，但都不能收利息，如果收了，会被教会惩罚的。为什么会是这样？

"伊斯兰教的《古兰经》明确禁止有息借贷。但是，犹太教和基督教的基础都是《圣经》，只是两教对《旧约全书》中的一关键条款有完全不同的解释，那条款的大意是说：当借钱给朋友时不能收利息，但借钱给陌生人时要收利息。

"问题是，谁是朋友，谁是陌生人？犹太教的解读是：只要不是犹太人，那他就是陌生人，就可以收放贷利息；而基督教的解读是：只要对方不是敌人，那他就不是陌生人，甚至是朋友，就不能在放贷时收利息。

"所以，在罗马帝国的军队于公元1世纪烧掉耶路撒冷犹太庙、把犹太人从耶路撒冷赶出去、迫使他们到处流浪之后，到公元6世纪末，犹太人一直在今天的伊拉克、约旦等中东伊斯兰世界从事有息放贷生意。那个时期的中东，一边是穆斯林在做商品贸易，另一边是犹太人在做放贷银行家。

"随后，犹太人逐渐扩散到今天的西班牙、意大利、法国、德国等欧洲各地。到13世纪，虽然在英国的犹太人很少，但他

第 16 课 犹太人的钱袋：金融生意赚的钱是"好钱"吗

们却因为宗教上的原因成了全英国社会独一无二的银行家。

"不过，那时候的英国人跟今天的人一样，一方面不得不向犹太人借钱，以度过资金短缺的难关，可另一方面，他们又恨死了犹太人，说是犹太人剥削了他们，让他们债台高筑难以翻身。

"于是，英国国王爱德华一世于 1290 年颁布指令，将所有犹太人驱逐出境，逼着犹太人向北欧、东欧扩散。后来的西班牙、德国在不同时期也驱逐过犹太人，逼迫他们往东欧转移，以至于在今天的捷克、俄罗斯还有相当多的犹太人。"

陈笛："为什么他们要赶走犹太人呢？如果不是犹太人给他们提供贷款，他们在需要钱时，谁来帮他们解决燃眉之急呢？在基督教禁止有息借贷的情况下，从犹太人那里能借到钱，即使要付息，总比借不到钱要好呀。"

"人的本性似乎就如此，当他们需要借钱时，会求着你，也愿意付利息；一旦钱用了，问题解决了，等到真要还本付息时，没有几个人会高兴，不会记得你当初的帮助有多重要，也更不会喜欢你，反而会怪你，说是被欠你的债压得翻不了身。"

陈笛："后来是怎么放开金融交易的？"

169

"这得归功于 15 世纪末期开始的宗教改革。特别关键的是 1541 年，加尔文在瑞士日内瓦建立'日内瓦大教堂'，提出了一套全新的基督教商业伦理。

"加尔文说，既然我们可以把土地租出去收租金，为什么我们把钱贷出去时不能收利息呢？这两者难道有差别吗？意思是说，同样是钱，你可以用来买土地、建工厂，然后把地租出去收租金、经营工厂赚钱，你也可以干脆把钱放贷出去赚利息收入。这些不都是可供选择的'用钱赚钱'的方式吗？既然可以接受

第 16 课 犹太人的钱袋：金融生意赚的钱是"好钱"吗

其中的一些方式，为什么不能接受另一些方式呢？

"加尔文的学说改变了基督教的商业伦理，为西方社会金融交易市场的发展大开绿灯。从这个意义上说，新教伦理之所以为资本主义的出现奠定了核心的基础，就在于它认可了有利息的借贷，也由此延伸出对后来发展起来的金融证券赚钱方式的认可，为金融业的发展从宗教伦理上打开了闸门。这对于资本主义在近代世界的兴起起了根本性作用。它当然也给犹太人带来了金融领域里的竞争对手。从那以后，虽然犹太人因为他们一千多年的经验优势以及遍及欧洲的网络优势而继续在金融业唱主角，但他们不再有垄断地位。"

陈笛："是不是说，不管用钱去做'实业'，还是去做'虚业'，都是投资，只要能赚到钱，就是'好钱'？"

"是可以这么说。只要那些交易是双方自愿进行的，没人强迫，那么，不管涉及'实业'与否，都不存在剥削，那种钱都是合乎道德的钱。许多人会讲，如果你拿钱去做股票短线交易，利用短期差价赚的钱，这种投机利润是合乎道德的吗？我会说，这当然合乎道德，因为通过你的交易，帮助把相互错位的股票价格纠正了过来，使其不至于太多地偏离它们应有的价值。尽管持股时间很短，也给社会做出了贡献，你也就应该为此得到补偿。"

对于我的这个建议——不妨考虑今后从事基金管理陈笛还是觉得有点"虚","不够令人激动"。实际上,这种感觉和看法在中国社会还很普遍,人们还是难以把金融交易看成正当的职业,还是习惯于把从金融交易中赚到的钱看成是"不劳而获"的钱。或许,这是劳动价值论的教育所致。

但是,从现实经济、特别是当今中国经济中,我们已经看到证券化、资本化的不可缺少。在中国经济从实物制造型经济向更加金融化的经济转型的过程中,也许,回头了解一下当年犹太教和基督教的差别、新教伦理与传统基督教商业伦理的差别,对今天中国金融业的进一步发展意义重大。

第 17 课

把餐馆做成规模化的公司

如何升级商业模式

2008年北京奥运会是中国成为世界重要东道主国家的标志性起点，辉煌的开幕式是中国科技与项目管理的里程碑事件。

8月8日晚，我们一家四口有幸参加了开幕式，其间天气非常热，下午5点前没吃饭就开始进场，但由于安全检查漫长，7点多才进入鸟巢。找到座位，我们又要在8点开幕前吃点东西，喝些饮料，为观看四个多小时的运动员入场式演出做好准备。于是，我们来到鸟巢二层的小卖部。

在那里一等就是45分钟，汗流浃背，看到前面的人半天都不动，服务一个顾客要花那么久的时间，大家怨声载道。直到7点55分才轮到我们点餐。

"陈笛，为什么他们服务得这么慢呢？如果让你来设计鸟巢的这些小卖部，你会怎样加快流程？"

陈笛："今晚有16万左右的人，9万多观众，他们应该安排很多人在各小卖部工作，这样，才能加快服务。"

第17课 把餐馆做成规模化的公司：如何升级商业模式

"可是，实际上，服务员已经很多。每组服务处有一个人专门收费、一个人专门拿饮料、一个人负责吃的、一个人负责爆米花，分工已经很细了。分工细化到这种程度，按理说流程速度已经达到最快。当年福特汽车公司的创始人亨利·福特对世界制造业的贡献巨大，是他最先采用生产流水线技术，让站在流水线旁的每个工人专做一项业务，使'各显其能'的原则发挥到极致，大大加快了总生产的速度。流水线技术，到今天差不多被应用到所有规模化生产、服务的领域，鸟巢小卖部的这种安排也是如此。"

陈笛："那为什么他们还这么慢呢？"

"这就要看其他的设计了。比如，你看那点心单上有十几种选择，包括三明治、热狗、饼干、土豆片、面包、热饭等等，饮料单上也有十几种选择，包括可口可乐、雪碧、矿泉水、百威啤酒、青岛啤酒等等，还有几类酸奶。

"这么多的选择对消费者当然好，可以适应他们各自的个性化偏好，但问题是，这样一来，服务速度就下降很多，因为如果你把这些吃的、喝的等各种可能的组合放在一起，又要考虑到有的人买一种，有的人买三四种，这就有了几百种组合。

"也就是说，为了这几百种组合，收钱的服务员就得不断地敲电脑键盘、收钱、找钱，拿吃的东西的服务员要当即做各种搭配，这不仅使服务员很累，而且整个进程拖下来了，顾客抱怨也就多了，谁不想赶在8点开幕前买到吃的、回到座位呢？"

陈笛："为了给顾客提供更多选择，这样做不是很好吗？"

"但是，当服务对象有十几万，而且时间这么急、天气这么热的时候，必须学会变通。大家来鸟巢是为了看开幕式，不是为了吃喝的品位，买吃的、喝的，纯粹是为了填饱肚子的需要。

"所以，他们应该事先设计好几种套餐，就像麦当劳一样，把几种吃的、喝的、酸奶组合都先放入袋子中。在这种规模化服务面前，只能靠减少选择空间来加快速度、实现规模化要求。

"这也是商业模式选择的问题。比如，你舅舅开了三家餐馆，从前年到现在，他每年都在往菜单上加新菜品种，现在的菜单上已经有六七十种选择。

"我跟你舅舅说，如果菜单这么长，他就永远不可能把餐馆做成规模化的公司，也就不可能靠公司股权价值的上升赚钱，而只能靠日复一日卖餐饮、收利润赚些小钱。

"为什么是这样呢？如果菜谱很长、很细，你就是以特色花样来定义商业模式，这就跟厨师的水平和能力连得很紧了，你就得找真正的好厨师。

"这样困难就来了：如果你要扩大到100家分店，怎么能找到100位好厨师？即使能找到，你又怎么保证他们做的菜是一样的呢？你要两三位厨师把菜做成味和色都一样，那也许能做到；或者，如果你的菜谱上只有两三样菜，要求100位厨师把这两三样菜做成一样的，那也能做到。但是，要100位厨师把六七十种菜都做成一样的，以此来保证公司产品质量的一致性，那就很难很难了。

"在餐馆分店扩张的同时，如果没办法保证各分店的菜基本都一致，那么，最后会毁掉公司的品牌。这就是为什么特色性、多选择是餐饮业规模化发展的敌人。实际上，即使能够让100

位厨师通过训练确保做菜风格的一致性,在操作过程中要生产六七十种菜并保证质量,也很难管理,流程会太复杂!"

陈笛:"你不是说有些像俏江南这样的特色餐饮公司要上市吗?那么,他们是如何在规模上扩张呢?"

"是的,我们也去过很多家俏江南分店,他们的菜总体上很一致。不过,如果他们要扩大到北京、上海之外,要像麦当劳那样扩大到成千上万家,质量和品味一致性的管理就会越来越成问题。

"从这个意义上说,在成长前景方面,这些多选择性的餐饮企业远不如麦当劳、星巴克和永和大王。这就是你舅舅要改变商业模式的原因。

"他决定以 10 种左右最受欢迎的套餐为主,开连锁分店,而且是在一个城市中,集中在一个地方配料并将每种套餐做成九成熟,然后分送到各分店去销售。这样,厨师就集中在一起,保证产品质量一致。

"实际上,由于现在变成了快餐的模式,你舅舅的餐馆不再以菜的味道取胜,而是在保证基本特色的前提下,提供快速、方便的饮食服务。这样一来,开 100 家分店和开 10 家分店,差别不大,到处都可以送,不要请太多厨师,特别是不需要请出

第 17 课 把餐馆做成规模化的公司：如何升级商业模式

名的好厨师，方方面面的成本都能降低。

"这种模式最大的特点是，通过 10 种左右的套餐，而不是六七十种不同的菜品，能大大简化质量管理，简化做菜流程管理，使规模化扩张的空间达到最大。把餐馆做成公司，就变得可能了。"

陈笛："没想到商业模式的选择，还涉及产品组合的问题，服务业的规模化发展的背后原来还有这么多有意思的课题。"

"在鸟巢小卖部的菜单上，还有另一个安排也降低了服务速度。你看那服务员花了很多时间找零钱。其所以如此，是因为那菜单上，矿泉水 3 元，饼干 6 元，热狗 8 元，都不是一些更大的整数。为什么不以 10 元为单位计价呢？那样，不就能大大减少找零钱的时间吗？"

陈笛："问题是，那样会使这些东西太贵，很多人会抱怨的。"

"那当然对。但是，这就要看你是以商品的成本来定价，还是以市场来定价了。按成本定价的意思是，假如你买进矿泉水的价格是 1 元，然后你加 2 元的毛利空间，以帮你支付工资、租金等费用。当然，人们会说这 2 元的毛利很高，是进价的两倍。可是，考虑到场馆的资本投入以及相应的资本机会成本，算起来，也要靠各种销售收入赚回。当然喽,鸟巢是国家办的,不在乎收益,亏钱无所谓,特别是现在亏钱无所谓。等过了这个奥运热,场馆维护费可能部分要靠各种销售收入来支付,那时,情况就不同了。

"另一种定价办法是不考虑成本,完全由市场的承受力来决定。也就是说,你把价格不断往上加,每往上加1元,可能有一部分消费者就不愿买了,但没关系,你要把价格一直加到还愿意买的人的需求,正好等于你手中的存货。对于参加奥运开幕式的人来说,这是什么意思呢?小卖部的矿泉水3块一瓶,显然太低,往上加到10元、20元一瓶,对于当晚参加开幕式的人,肯定不是问题。"

陈笛:"市场定价太好了,这样显然更赚钱。"

"也不一定。这要看你制造、销售的东西是否有人要,是否是市场需求的了。如果你要卖的东西没有人要,那么,你能卖出的价格可能远低于进货成本、生产成本,你就要亏损,公司要关门。相反,如果你的东西是市场最喜欢的,那么,不管你的制造成本、进货成本是什么,你卖出的价格照样可以很高。这就是为什么在市场经济下,你要想赚钱,就必须了解市场到底喜欢什么、缺少什么,越是有创意并且是人们想要的东西,就越能赚大钱。这就是为什么市场定价是一个很重要的奖优罚劣机制，能够促进优胜劣汰。

"可是，如果按照成本定价，到最后，不管东西是否真为市场所需要，劣等产品也被给予跟优等产品一样的价格，仅仅因为它们的成本是一样的。这么一来，成本定价只会奖励劣等、惩罚优秀，使得优汰劣胜。

"在20世纪六七十年代的中国，基本采用成本定价，到最后全社会没有几样好东西，实在无法做下去了，所以，1978年后，不得不进行市场化改革，推出市场定价机制。到今天，看到奥运场馆的小卖部定价，你是不是还能感受到成本定价的影子？"

实际上，优秀企业更喜欢按市场定价，而不优秀，甚至是劣等的企业当然欢迎成本定价。回过头来看，正因为我们受到劳动价值论的影响太大，让我们觉得超出成本（亦即"劳动"）的价格等于剥削，所以，中国出口企业过去会以成本加自己能接受的毛利空间来定出口价，而中国的劳动力等成本又低，这就造成中国出口商品的价格很低，把许多国家同类商品的物价压到一个极低的水平。

成本定价的做法的确为中国赢得了巨大的海外市场，但现在的中国企业应该以市场定价来赚钱了。要做到这一点，当然，我们首先要放弃劳动价值论的观念。

第 18 课

狂跌过后,买哪些股票

如何找到高增长前景的行业

"陈笛，由于美国引发的金融危机，这几天全球股市狂跌。像在纽约证交所上市的中国铝业每股才 15 美元，它一年前最高时股价高过 90 美元，而你熟悉的常州天合每股降到 25 美元，比我们卖出时的价格跌了一半，去年 7 月还到过 70 多美元。现在真是人心惶惶的，美国金融市场、经济都面临很大的挑战。"

陈笛："为什么会跌这么多？这个时候，股票很便宜了，我们不是正好能多买一些吗？"

"你这个想法不错，这种时候的确机会很多，也是价值投资者喜欢的机会。但是，判断股票价格是便宜还是贵，不能只看每股的价位。

"比如，在中国，人们通常以每股的价位判断一只股票的投资价值，因此会认为每股 10 元的公司股票自然比每股 3 元的贵；但是，在美国，一般投资者不会这样看，不以每股的价位来判断股票的便宜还是贵。

第18课 狂跌过后,买哪些股票:如何找到高增长前景的行业

"因为上市公司都能自己决定到底是总共发行 1 亿股份,还是 100 亿股份,这很随意。对于同一公司,你发行的股份数越多,自然每股的价值被稀释得越厉害,股价自然应该低。

"有的大公司可能才发行 1 亿股,而一些小公司可能动不动就发 20 亿、30 亿股。在香港,很多小公司就喜欢玩这一套,因为香港股民也总喜欢以每股价位来确认公司的投资价值。"

陈笛:"这就让人纳闷了。如果不以股价判断股票是贵还是便宜,那以什么呢?"

"以市盈率来判断。用股票价格除以公司的每股盈利,这一比值就叫作市盈率。比如,中国铝业股价 15 美元,过去一年每股盈利 6.4 美元,市盈率为 2.3 倍;常州天合股价 25 美元,每股盈利 2.2 美元,市盈率就是 11.4 倍;还有就是你去上过课的新东方学校,它在纽约的股价是 67 美元,每股去年盈利 1.25 美元,所以,市盈率高达 54 倍。"

陈笛:"不过,我还是不明白如何来理解市盈率,这几家中国公司的市盈率显然相差很大,为什么会这样?"

"可以这样来理解,市盈率相当于通过公司盈利把今天的

股价赚回来所要等待的年头。比如，中国铝业2.3倍的市盈率，是说要等2.3年就可通过每股利润把股票的投资本钱赚回；按照同样道理，新东方54倍的市盈率意味着，其股票价格等于是其54年的每股利润。当然，每个投资者都希望以最快的速度赚回本钱，所以，每个人都会喜欢很低的市盈率。"

陈笛："是呀，那为什么大家没有抢着去买中国铝业？要等54年才能还本，新东方不是太贵了吗？"

第18课 狂跌过后,买哪些股票:如何找到高增长前景的行业

"这就要看公司利润的增长前景了。刚才说的按每股盈利算要等待的年数来理解市盈率,是假定公司的利润保持不变。但实际上,公司的盈利水平总在变化,有时会下降,甚至会出现亏损,也可能会快速增长。

"比如,虽然中国铝业过去一年每股赚 6.4 美元,但市场预计它接着下来的一年里只能赚 3.1 美元,而且因为中国同类企业很多,铝产品价格已经下降很多,同时它们的原材料价格又上涨很多,所以,大家预计中国铝业今后的盈利会越来越吃紧,利润会继续下降。这样一来,投资者就不太把今天每股 6.4 美元的盈利当回事。

"而新东方的情况正好相反,去年每股盈利 1.25 美元,但明年会增长到 2.6 美元,市场认为新东方的利润今后每年能增长 40%。也就是说,今天到新东方学英语、复习考试的学生确实很多,但全中国有 13 亿人口,随着中国更多地融入世界,到国外留学的学生只会继续快速增长,到新东方付钱学习的人也只会越来越多。

"换句话说,中国铝业是不具有高成长前景的企业,而新东方的成长前景非常远大。于是,股票市场给中国铝业的市盈率很低,给新东方的很高。"

陈笛:"这就把我搞糊涂了,这不是说市盈率低有道理,高

也有道理吗？我怎么知道什么时候股价很便宜、很有投资价值？"

"价值投资者会说，中国铝业和新东方可能是两个极端，多数公司或说行业可能处于两者之间，利润不会下滑，也不会飞涨，而是介于中间。对于这些公司，以往的合理市盈率在 20 倍左右。

"也就是说，价值投资者可能会说，一旦一些股票的市盈率远低于 20 倍，其价值可能被低估，我就买进，待这些股票价格回归到价值，股价上涨，市盈率超过 20 倍以后，我就卖掉。这种投资风格，也就是所谓的'价值型投资'，指望的是市盈率最终会回归到某个合理的水平，利用'回归价值'的过程赚钱。"

陈笛："这么一说，在这次股价全面大跌之后，很多公司的市盈率应该很低了，此时去买不正好是价值投资吗？要是我，我就会去多买。"

"这次机会的确很好，不仅在美国股市上如此，在中国内地、香港股市上也都有不少价值投资机会。

"不过，价值投资只是投资的方式之一。还记得我们谈到过的蔡志勇先生吗？是他当年把富达公司给振作起来，使其成为当时美国最有影响力、到今天仍然是最大的投资基金管理公司。

"如果是蔡志勇先生，他会说：'我才不管市盈率的高低呢！

那些靠低市盈率时买进股票，等到市盈率回升到合理水平后再卖出的人，最多只能赚些小钱，只能比存银行多赚一点的钱！'他认为，真正赚大钱靠的是利润每年成倍成倍地飞涨。市盈率的英文词是'P/E'（价格／利润）比。他说，判断哪些公司值得投资时，他不管市盈率'P/E'的高低，而只看'P/E'比值中的'E'（即利润）能不能快速增长，如果能，他就会投那样公司的股票。"

陈笛："谁都想找到高增长前景的行业，这不奇怪。问题是，如何判断哪些行业前景突出？不过，现在围绕衣食住行，不管哪方面，好像是什么好的机会都被以前的人做完了，我看不到还有什么留给我们这代人做的。"

"我想，任何时代，人们都会说'可以做的都被前人做了'。因为如果一个新的机会是那么一目了然地摆在眼前，别人不是早就做了吗？每个创业者得到创业灵感的方式很不同，有时可能就是一念之差。我们以前谈过，常州天合、沃尔玛、星巴克，刚才说的新东方，这些企业基本属于较传统的行业，从表面看，当初肯定也不是那么'新'、那么'高科技'，但是都创造了快速增长的利润'E'。所以，挑战可能在于如何看清'大'方向的问题，如何抓住'大'机会的问题。

"上次在你的同学 Eli 家时,他做医生的爸爸就问我:今后哪个行业有'大'投资机会?我说,我们可以从历史的线索来看。从 1780 年工业革命开始,一直到 19 世纪末,世界科技革命主要围绕着机械化、规模化生产技术展开,目的是使人们每天的工作能生产出来更多的产品,还有就是火车运输的发展,但这些都还是围绕着提高人类单位时间的产出,也就是提高所谓的生产能力。所以,19 世纪的'大'投资机会在于围绕生产能力的技术项目上,那时候技术发展或说经济发展总体上不是围绕人们的生活而来的。

"但是,从 20 世纪初开始,情况就变了。技术变革越来越围绕着家庭生活、个人生活了。先是电话、电冰箱以及其他家用电器走进了美国家庭,使家庭开支内容从原来的吃、穿、住、简单家具,拓展到各种家用电器。随后汽车、电视相继走入家庭;到了 20 世纪 80 年代,家庭开支项目上出现个人电脑,90 年代又多了互联网服务,2000 年之后,手机也来到家庭开支账目上。

"所以,我跟 Eli 的父亲说,在 19 世纪时,应该看工厂里多了什么新机器设备,研发、制造那种东西的公司就值得投资。可是,到了 20 世纪,就应该根据家庭开支清单上多了什么大项目去投资。每次当大众家庭出现新的开支大项时,提供那种大项的行业就是新的'大'投资机会的所在。按照这个思路去抓住新机会,应该是比较准的。"

其所以有这种投资机会的变迁，是因为20世纪之前，人类温饱问题尚未解决，美国经济以及其他经济体，还都是"生产驱动型"经济，所以，主要的投资机会存在于改进人类生产能力的工业技术上。可是，20世纪初开始，工业生产技术总体上趋于成熟，生产能力已经不是人类发展的瓶颈，而且技术革命也该集中到改善人的生活上了，该"以人为本"了。所以，民间消费开始成为经济发展的主要推动力，也就是所谓的"消费驱动型"经济。于是，到了21世纪，最好判断"大"投资机会在哪里的地方，就是普通家庭的开支清单，看那上面又多了什么内容，然后，就根据那些内容去找"E"增长潜力最大的行业机会。

所以，最好的投资机会就在我们身边，在我们自己日常开支的清单上。

第 19 课

爸爸的基金将面对一场大危机

股权结构与公司命运

前几次，我跟陈笛谈到过，传统商业都是以卖产品、卖服务赚当前的钱，得一天一天地去赚、去累积，但毕竟自然人的生命有限，一天的买卖赚得再多，一辈子也只有那么多天。

相比之下，有了股权交易市场之后，股权价格是未来无穷多年的利润预期的总值。所以，把公司做成能长久发展下去的职业化企业之后，这个公司就具有无限多年经营下去的前景，拥有这个公司的股权等于拥有了其未来无限多年收入流的权利。当你卖掉这种股权时，等于是在卖出未来无限多年的利润流，这就是为什么靠创业培植股权赚钱远比靠传统商业利润赚钱来得快，财富规模也来得大。

"无股权不富"，至少是无股权难以"大富"。这听起来容易，但做起来却不那么简单，谁不想通过股权交易把未来无限多年的利润流今天就卖掉变现呢？

如何让自己创办的企业回避"富不过三代"的宿命，永久地活下去呢？如何让企业股权具有价值呢？

第19课 爸爸的基金将面对一场大危机：股权结构与公司命运

2001年，另一位耶鲁大学教授罗杰·易博森（Roger Ibbotson）、在华尔街有过30余年经历的艾米特·哈蒂（Emmett Harty）和我，创办了斑马基金管理公司（Zebra Capital Management），立足于用数学统计模型来区分不同股票投资前景的好坏，并且采用既买进一些公司的股票（多头），也同时卖空另一些公司股票（空头）的办法，来为基金争取最大的投资回报。也就是说，通过数学模型研究出股票市场的规律，找出市场非理性的方方面面，然后，根据模型的判断，买进看好的股票、卖空看跌的股票，并且要求多头与空头在资金上是一比一的关系，这样，把基金风险降到最小。

起初，公司按照有限责任合伙企业注册，每人占三分之一股权。到2006年初，我和易博森先生将哈蒂先生持有的股份买过来，价格是完全按照当初签订的公司章程而定，同时聘用一位叫莱维·班纳吉（Ravi Banerjee）的先生取代哈蒂先生，成为新的第三位合伙人。经过2006年初的调整，股权结构变成了：易博森先生占56.7%，我占38.3%，班纳吉先生拥有5%。

2008年1月，公司出现新的调整。由于班纳吉先生表现不佳，我们跟他不能就其薪酬达成新协议，他决定离开公司。按照公司章程，我和易博森先生把他的股份买过来。于是，新的股权结构是我占40%稍多，剩下的股份都由易博森先生持有。

公司潜藏生存危机，必须引入第三方股东

"陈笛，今天我跟易博森先生谈到一个核心问题，就是公司只有我们两个股东了。按照公司章程，如果哪天一位合伙人提出辞职，那么，剩下的合伙人就必须将离去合伙人的股份买过来。如果是我哪天要离开，那还好办，因为易博森先生很有钱，他自己的财产近1亿美元，从我手里买过去股份不是问题。不过，如果是他要离开，我就付不起公司章程约定的股价了！那么，公司就会面对一场大危机，一场生存危机。"

陈笛："那怎么办呢？"

"公司的规模比以前大，股份已具有一定的价值。但是，由于斑马公司的股份不是上市交易的股票，要脱手时，不仅难以找到买家，而且价格上也难以达成协议。如果价格低，我们不会卖的；而如果价格按我们的理解是合理的话，一般的个人又会觉得太贵，他们再有钱也不一定愿意买。

"所以，一旦易博森先生要退出或者因为意外事故而离世，就会出现我买不起他的股份，而别人又嫌太贵的局面。这种情形逼着我和易博森先生要么谁也走不了，拿着股份不能动，要

第19课 爸爸的基金将面对一场大危机：股权结构与公司命运

么就贱卖，这当然对谁都没好处。这不仅隐含公司潜在的生存危机，而且意味着公司的股权流动性太低。这些当然会降低公司股份的价值。所以，增加公司股份的流动性不仅能提升股份的价值，而且能延长公司的寿命，减少危机的概率。

"于是我说，斑马公司必须找到一个大基金管理公司或者私人股权公司，由他们买下斑马公司10%至20%的股份，这样，他们虽然不天天参与公司的经营，但照样能关心、分享公司的利益。"

陈笛:"这一点我就不明白,公司已经盈利,你们又不是需要资金支持,何必在盈利的时候还出让股份?这不是白白地稀释你们创始人的利益吗?"

"你说得很好,在中国,甚至在美国,确实有许多人总把企业股份的出售看成是纯粹的融资行为。其实不然,融资往往是很重要的股份转让原因,但不是唯一重要的原因。

"首先,我不是说要白送股份,而是要按照谈判出的价格卖,虽然我们是让出公司未来利润流的一部分,但只要价格合适,怎么会是白给呢?

"实际上,1901年,美国资本市场的祖师爷J. P. 摩根,看准了钢铁业的前景,想要吞并钢铁大亨卡耐基的钢铁公司,问他想要多少价钱。后来,卡耐基说出了一个在当时看来的天文数字——4.8亿美元,J.P.摩根当即爽快接受。那次成交价,不仅创造了美国公司收购价的历史,而且从根本上开启了靠'创办公司、出售股权'致富的新商业模式。

"中国人也学会了这一模式。可口可乐公司最近出价179亿港币收购汇源公司。汇源公司创始人朱新礼的'做企业就是要当儿子养、当猪卖',就是一种通俗的说法。

"其次,如果有一个资金雄厚的大基金管理公司或者私人股权基金做股东,它们不会愿意看到公司的股份价格一落千丈,它们的利益与你的一样。在必要时刻,它们可以从要出手的股东手中接棒。这从本质上提升所有股东手中股份的价值,大家都受益,同时也能减少公司的生存危机,延伸公司的生命。

"相比之下,中国的传统企业都是以家族为核心,'肥水不流外人田',股份只在自家人的范围内流转。但一个家族不管有多富,其资源相对于全社会还是太有限,所以,在危机发生时,自家人范围内所能调动的资源往往是杯水车薪,难以力挽狂澜,这种模式最终会限制中国家族企业的寿命。一方面,赚钱企业的'肥水'股份不愿外流;另一方面,没有自家人管理的企业,也没有人有兴趣去买它的股份。到最后,在中国总是难以形成活跃的私人股权买卖市场,就更不用说公众股权市场了。于是,就有了中国传统家族企业活不过三代的问题。

带来的不只是资本,还有专业化管理

"当然,吸收第三方法人做股东的好处还不止如此。同样重要的是,能够借助他们来强化公司职业化、管理团队专业化的过程。坦率地讲,我和易博森先生都是教授,经常会不知不觉地按照个人意志去要求员工,在做事过程中有时也会忽视程序。

"相比而言,私人股权基金经理们一般都很专业,一旦投资一家公司,他们会对目标公司的管理团队有严格的职业经理人要求,会要求引入职业化、程序化的管理文化。也就是说,他们带来的不只是资本，更重要的是企业管理文化的转型压力。这从另一方面提高了公司永久经营下去的概率，延长公司的寿命，进而增加公司股份的价值。

"所以，如果有大基金管理公司或者私人股权基金进入斑马公司，成为第三大股东，我也希望借助他们来提升公司的专业文化，使公司未来的决策过程更加程序化，使公司更加非人格化。"

陈笛："原来'股权致富'模式的背后还有这么多的细节，看来并不是只要能建立公司、推出法律意义上的股权就行了。记得你上次说，传统中国也有股份合伙企业，而且其股份也可以买卖，只是那时公司的管理不能与创始人、主要股东的自然人格脱离开，公司利益和股东利益也分不开，让公司没有独立的'法人'人格。在那种状况下，公司当然难以有无限的生命，也难怪人们不愿出足够高的价钱购买股权，'股权致富'就没有基础。"

剩下要做的，是把管理非人格化

从斑马公司的特点来说，由于我们已经把数学模型转变成计算机程序，整个基金投资组合的形成过程、交易过程基本可以自动执行，这本身已经使公司未来的基金管理业务足够地非人格化。

第19课 爸爸的基金将面对一场大危机：股权结构与公司命运

也就是说，我们不是靠一个有天生本能的投资家操盘，而是在过去七年多时间里，完全靠数学模型来管理基金的投资组合和交易过程。所以，我们过去的投资业绩，跟我们这些个人的选股能力无关，未来也会继续如此。这一特点，已使斑马公司以非人格化的方式永久经营下去成为可能。

我们剩下要做的是把公司本身的管理也职业化、非人格化，并增加公司股份的流动性。使企业的生命跟创始人的生理寿命脱钩，是所有创业者、企业家必须要面对的真实挑战。

第 20 课

家族企业如何接班

能力问题与代理人问题

"陈笛,如果斑马公司将来成功,假如由我们从易博森先生手里把股权也接过来,等我退休,你会愿意接手掌管公司吗?"

陈笛:"你的意思是说,一旦斑马公司成为我们家的企业,我是否愿意在将来接班?"

"是的。如果你要接的话,你将来就要学投资基金管理,也要学会如何管理企业。不过,这不是一件坏事,因为现在看,做基金管理是一种收入很高的职业,你帮客户理财投资,不仅赚基本的管理费,而且帮客户赚钱时,你还能参与分成,跟客户二八开。"

陈笛:"那是说,拿客户的钱去投资,每赚10块钱,我得2块、客户得8块?"

"对。特别是随着中国、印度和其他发展中国家越来越富有,大家的钱会越来越多，这些钱往哪里投呢？总得找人帮他们做投资管理吧？所以，将来投资理财行业肯定前景极好，今天的基金管理公司日后增长机会一定非常多。"

陈笛："不过，我还是想创业干点儿别的。可不可以这样，你晚些年退休，等我将来结婚生子，让我的儿子长大后接手你的公司？"

"那要等到猴年马月？"

陈笛："你看，我现在 14 岁。假如我 28 岁生小孩，等他到 30 岁，那总共还有 44 年。也就是说，等你到 90 岁再退休！"

"你说得倒好，妈妈可不会同意我那么晚才退休！那怎么办呢？关于家族企业的接班，这是一个经典问题。以前我们谈到，中国人说'富不过三代'，也就是说，父亲创业成功了，儿子接过来，十有八九会失败；即使儿子不失败，孙子辈也难保不会失败。所以，财富到了第三代就基本走向没落，这就是'富不过三代'的诅咒。"

陈笛："或许你可以先退休，但是在我儿子长大接手之前，我们继续拥有公司的股权，只是雇用一个能力强的人来管理公司的日常业务，由他们经营一些年，作为过渡期。这就像你上次讲的，说要吸收第三方机构投资者、基金公司成为斑马公司的股东，让他们能够监督斑马公司的运作，并在公司出现困难时出面帮助。所以，雇用外面的人来管理我们家的企业，应该是一个好办法。"

"问题是，你雇用外面的职业经理人来帮你管理企业，怎么能保证他们能为你的利益最大化服务呢？就像你以前看到 Dunkin' Donuts 的员工做事无所谓一样，你付六个面包的钱，她给你十个面包！

"而如果是雇人来帮你管理整个公司的方方面面，你就更是把公司的资产以及未来都交给了别人，这样，你能放心吗？

"所以，在创业成功后，如何为家族企业找到既有能力、又信得过的接班人，是一个很大的挑战。由自己的后代或者亲戚接班，是可以解决好信任的问题，因为血缘关系是天生、没有选择的，子女就是子女，他们不会背叛你，会尽最大能力帮你把企业发扬光大下去。

"但是，问题也出在能力上。因为，虽然由子女接班解决了信任问题，可是，由于一个家庭的子女数量毕竟很少，像中国家庭现在多是独生子女，你怎么能保证自己的子女能力是最好、或至少是次好的呢？万一你自己的子女根本没有能力呢？特别是在中国社会里，创业者的子女会从小认定父亲的企业必然会传到自己手里，所以很多情况下，即使这些子女的天赋很好、很聪明，他们也会从小就不好学、懒惰，不能吃苦、不能承受挑战。由这种纨绔子弟来接班，到最后，企业用不了多久就要没落。

"相比之下，如果在血缘关系之外去挑选职业经理人做你的代理人，选择的范围很大，完全可以根据能力挑选。因此这样做，在能力上不是问题，但在信任方面挑战极大，你很难保证他们总把你的利益放在第一位，这就是所谓的'代理人问题'，或说'委托代理问题'，你作为股东是委托方，聘用的职业管理者为代理人。"

陈笛："那么，综合而言，哪种安排更好呢？"

"答案取决于整个社会的诚信与法治环境。相对于家庭、家族而言的外部法治越不可靠、血缘关系外的诚信越差，代理人问题就越严重，由子女接班就更好，尽管这意味着企业未来活下去的概率总体不会太高。

"相反的，一个社会中，外部法治与诚信环境越好，通过契约安排规范代理人的行为就越可行，委托代理问题就越轻，那么，找血缘关系外的职业经理人接手管理公司就会越好。

"实际上,很多学者的研究也证明,在中国以及其他传统社会中,由于处理代理人问题的制度不发达,人们普遍把自家企业只交由后代接管。而在美国、英国等发达国家,虽然许多创业成功者还是选择由子女接管企业,但更多人选择让企业股票上市,接着聘用职业经理人管理企业。"

陈笛:"为什么中国、美国、英国会有这样的差别?"

"在中国,从两千多年前开始,儒家就把家族、血缘关系网定为人们实现经济安全、生活安全的最主要依赖,甚至是唯一的依赖,并排斥血缘之外的市场交易和社会互助安排。

"这样一来,对支持市场交易、支持陌生人之间交易的制度就没有需求,因此,解决代理人问题的制度架构,比如,民法制度和相配的司法、执行机制,就没有机会发展。没有对这类制度的需要,社会也就不会去发展这种东西。

"长此以往,这反过来也会让每个中国人意识到,还是只有亲情最可靠,甚至只有亲情才可靠。因为,在没有那些支持委托代理关系的制度的情况下,人们只能相信与自己有血缘关系的人。自己创办的企业,只有交给自家人才放心。

"西方国家的民法体系,最早起源于两千多年前的古罗马,源于当时的商业交易。但是,今天我们熟悉的针对代理人问题的法治体系，是后来才发展起来的。基督教教会的出现，可以看成是现代企业组织的前身。跟家庭、家族不同，教会不是基于血缘关系，而是基于宗教信仰、自愿结盟的共同体。更重要的是，这种基于共同信仰建立的'大家庭'让西方人感受到，原来在血缘关系之外也可以建立信任的网络；原来只要行为规则明确、奖罚分明，诚信并不是非血缘不可。到16世纪超越血缘的股份公司出现时，'公司'作为契约与法律规则的产物，应该说只是'教会'这种组织的一种自然延伸。只不过'公司'不是以宗教信仰为出发点，而是以盈利为结盟的目的，以契约和法治为支撑。

"当然，虽然在西欧很早推出了不是基于家族的股份有限责任公司，因此五百年前就开始面对代理人问题，但是，在过去几个世纪里，甚至到今天，'你做股东、别人帮你管理'引发的问题还是层出不穷。可是，正因为这些代理人问题的不断出现，西方社会才一直在摸索、调整，以便找到更好解决代理人问题的制度。

"由此产生的结果是，跟中国和其他传统社会相比，西方社会有更好规范委托代理关系的制度架构。到今天，盖茨用不着把他创办的微软的管理权交给他女儿，英特尔的创始人也用不着把公司只交给他们的子女管理。这些公司之所以能跟创始人家族脱钩，就是因为美国已经有一套完善的处理代理人问题的法治体系。虽然这种体系还有很多问题,但是,至少盖茨用不着把他女儿的未来捆绑在微软公司上。"

陈笛:"你这么一说,那我也可以按自己的兴趣选择未来的职业,而不是必须继承你的职业和公司了。法治体系把我的个人空间也解放了!"

"其实,在中国'子承父业'和美国'通过上市由陌生职业经理人接管企业'这两种模式之间,不同国家也推出过其他折中办法。

"比如,在日本,如果创始人认为他儿子无能力接管企业,或者儿子不愿意接管,那么,他会在公司年轻人中物色一个能力最强的小伙子,先把一个女儿嫁给他,婚满一年后,再举行仪式把女婿正式收养为自己的儿子,让其改姓成为创始人的'养子'。以后,就由这个'女婿养子'成为家族的掌门人,并正式掌管企业。

"像日本松下集团自1918年创办后,第二任董事长松下正治是创始人松下幸之助的'女婿养子',在后者于1973年退休时继位;三井集团成立于1673年,该家族企业一直是近代日本经济的支柱,历代掌门人中有几位是三井家族的'女婿养子',这无疑强化了三井集团的生命力,使其发扬光大三个多世纪至

第20课 家族企业如何接班：能力问题与代理人问题

今。另一个例子是丰田汽车，创始人是丰田佐吉，19世纪末他在东京以机械纺织业起家，1936年才正式进入汽车制造业，他有亲生儿子，但是，丰田佐吉年长之后，选择将整个家业交由丰田利三郎掌控，丰田利三郎原名叫'小山利三郎'，是丰田佐吉的'女婿养子'。

"日本这种模式有三大好处。其一，继续利用'家'的传统力量，围绕血缘进行延伸、扩大，毕竟'女婿'加'养子'要优于单纯的'女婿'、'养子'关系，因此，信任的基础被强化，由这样的'女婿养子'接掌家族企业，背叛的概率会小，其可能产生的问题会少于把公司委托给一个不相干的人去管。其次，把接班人的选择范围大大扩大，不只是在儿子中挑一个，而是可以在企业年轻人中更广泛地去物色，这当然更能保证接班人的能力。按三井家族一位掌门人的话说：'我宁可要女儿而不要儿子，因为有了女儿我可以选择我的儿子！'这句话概括了日本家族企业通过'女婿养子'找继承人模式的精髓。第三，正因为可以到血缘之外找'女婿养子'做接班人，也给现任掌门人的儿子带来竞争压力，让亲生儿子不至于因为家业必然是他们的而变得懒惰，逼着他们去奋发向上！这种压力下，即使家族企业最终由儿子接管，'富不过三代'的概率也会低一些。"

陈笛："实际效果怎样呢？"

"一些学者的研究发现，在日本，'女婿养子'掌控的家族企业平均业绩高于亲生儿子接掌的企业，而不管是'女婿养子'还是亲生儿子接掌，家族企业业绩又平均优于代理人管理的非家族企业！相比之下，在美国，职业经理人管理的非家族企业却高于家族企业的业绩。"

陈笛:"但是,我还是不喜欢日本的那种安排,因为那等于是把他们的女儿变成了为家族企业找好接班人的工具。为什么他们的女儿不能根据自己的偏好去谈恋爱、去安排她们自己的一辈子呢?让她们为家族企业做出这样的牺牲是不公平的。"

"你说对了。这一传统正在因为日本股权市场的发展而改变,就像在美国的情况一样。从这个意义上讲,股票市场的确让那些家族企业的女儿得到个人解放,她们更自由了。

当然,话又说回来,家族企业的交接班是如此困难,以至于难以逃脱"富不过三代"的宿命,这本身或许不是坏事,因为这等于是逼着各代人都要去自己努力,差不多都不能坐吃祖先的遗产。否则,如果一代人的创业成就,能被无数代子孙无穷地享受下去,那不是让富家的子孙永远是富人了?这会不会变成另一种"道德风险"(moral hazard)问题?

从这个意义上,我们也许更能理解为什么盖茨、巴菲特等创业大师把所赚的钱基本都捐赠出去,原来是为了给子孙留下一些创业的动力,留下一些追求幸福的机会。试想,如果盖茨的子孙后代,都是一出生就不用为一辈子的生活担忧了,那他们的生活意义在哪里?创业的动力又何在呢?就像我们说"生命在于运动",幸福存在于追求之中。留给子女太多的财产,不是在剥夺他们追求幸福的权利吗？

还好，不管是中国式的只愿把家族企业留给亲生子女，还是日本式的广义家族传承办法，或者美国式的聘用陌生职业经理人接管企业，实际上都不能保证企业的长久不衰，因为这些做法中都还存在"能力问题"和"代理人问题"。只是在中国，财富所能传承的代数实在太少了。

第 21 课

没有爱情的婚姻是一笔交易

市场如何解放个人

"上次,我们说,日本家族企业有时让'女婿养子'接班,而且,这种企业的平均业绩最好。只是那样让做女儿的牺牲太多,好像女儿就成了实现家族企业传承的工具,父亲看上有出息的小伙子,不管女儿喜不喜欢,都必须为了家业而嫁给他。"

陈笛:"那真是贬低婚姻的价值,把爱情从婚姻中剥离得太多,使婚姻、家庭变得那么功利,似乎过于冷冰冰的。"

"但是,'爱情'、'浪漫'这些词只是到近代才更多跟'婚姻'联系上,在西方社会如此,在中国以及其他传统社会,则更晚些。'爱情'、'浪漫'是到1920年左右才进入中文,五四新文化运动之前,'婚姻'跟这些现代词关系不大。温饱没解决的社会里,'爱情'可能过于奢侈。以前,婚姻基本以利益为目的,是为了生存,被工具化的。"

陈笛:"中文里,不是有牛郎织女的爱情故事吗?"

"是的。不过,牛郎织女的故事之所以还代表一种理想和向往,恰恰因为那种境界是可望而不可即的。比如,牛郎和织女每年只有农历七月初七相会一次,为什么呢?是要告诉人们,爱情只是神话故事里的事,真实生活没有那么浪漫。传统中国,婚姻主要是基本生存的需要,就是为了吃得饱些、穿得暖些。你身在湖南的奶奶,1932年作为童养媳嫁到爷爷家,那时她才9岁,本以为通过嫁人能脱离娘家的贫困,没想到嫁到爷爷家反而更贫困。你能想象,奶奶一辈子的生活有多'浪漫'了吧?她辛苦了那么多年!"

陈笛:"什么是童养媳?"

"就是在女孩几岁,甚至几个月的时候,就由男孩家接过去并把女孩带大,成年后就是婆家的媳妇。通常男孩家娶童养媳,不用付什么彩礼,最多几百、几千个铜钱,不过,娶的女孩年纪越大,需要付的彩礼就越高,这主要是为了补偿女孩娘家对她的养育费。正因为是这样,越是没钱的人家,就越倾向于娶童养媳,为了节省彩礼,同时能更早得到一双帮手。你能看到,这些婚姻安排往往以金钱交易做结算,没有什么爱情不爱情的,很现实。正由于婚姻的利益交换性那么强,原来在中国,人们普遍将婚姻之事叫作'说亲家',而不是'谈恋爱',就是由男女双方的父母跟媒人谈判,'包办婚姻',谈好后,年轻的男女当事人差不多只能接受,没有选择权。你知道,'说亲家'是别人在像谈生意一样帮你谈,而'谈恋爱'的主动方是青年男女自己,差别很大呀!

"婚姻作为经济交易的手段,不只是在传统中国,过去全世界都如此。在个人层面,婚姻是'养子防老'、经济互助目的的基础,也是农业生产单位的起点,对企业、特别是家族企业,婚姻也是很重要的促进增长的工具。日本企业主除为找接班人而去物色'女婿养子'之外,婚姻经常是让企业做大、做强的手段。丰田汽车集团的成功过程中,丰田家族通过婚姻跟两位日本前首相(中曾根康弘和鸠山一郎)和七家大财团攀上亲,包括三井家族、普利司通公司的石桥家族。韩国最大的 30 家财团之间,通过掌门家族之间的联姻,形成了纠缠不清的家族网,这种广义家族网络就是生意网。最大的韩国家族企业——三星集团,1938 年由李秉哲创办,之后,他办起了韩国第一家糖厂、第一家毛纺织厂、世界规模最大的肥料厂。李秉哲通过让女儿嫁给另一韩国企业——LG 半导体公司总裁,也就是 LG 集团总裁的弟弟,把韩国两大财团绑在一起。他们的子女、兄弟姐妹再通过联姻把其他财团、政客家族也带进网络。"

陈笛:"这样做能达到什么目的?"

第 21 课 没有爱情的婚姻是一笔交易：市场如何解放个人

"做企业，有两方面涉及信任问题，一是公司股东请的管理人员、找的接班人是否信得过，也就是我们讲的代理人问题、接班问题；另一个就是在外面跟其他公司、个人做交易时是否信得过，你跟别的公司签约做生意，今天交了钱，对方明天是否卷款而逃？即使他们明天交货，所交的货是否质量可靠？有了亲戚关系，你多少能把他们锁定，使他们不会乱来；还有就是你需要融资借款时，他们能否信任你、把钱借给你？你的信任圈子有多大，将决定你的商业机会、发展机会有多大。联姻能扩大、强化你的信任圈。"

陈笛："做买卖交易时，签好法律合同，不就可以了吗？"

"如果法治可靠、契约能得到法院的保障，如果外部金融市场也很发达，到银行凭你的项目前景就能借到资金，那么，这种靠婚姻拓展起来的生意网的确必要性不大，就像在美国，已经没有几个父母会用子女婚姻去扩大商业网络。我在美国生活这么多年，好像从来没有我认识的人这样做过，这说明法治发展、市场发展真能解放个人，给每个子女更多的个人自由，更多追求个人幸福的空间，而不是成为父母的交易工具。像我认识的一位美国白人朋友，几年前娶了一位香港妻子，她家是香港最富的十大家族之一。他告诉我，其妻子的家规非常详细，规定子女后代只能'门当户对'地娶媳妇、嫁人。按照那些家规，他当时的女朋友在整个香港能谈的对象不到十位，其他男生都不符合条件。还好，这位朋友是美国白人，不在家规管束的范围，有他的耶鲁大学学位，他们也就接受了。你看看，做富人家的子女，更没有自由吧？"

陈笛："是不是越传统、法治越不可靠、诚信越差的社会里，因商业而联姻的情况就越多？"

"是的。这样做，办家等于办公司，成家等于成立商业公司，家庭跟商业的界限很模糊，或者根本就没有。我们以前谈过，中国企业现在喜欢行行做，通过投资也好、并购也好，都想扩大自己的企业王国；企业王国越大，利用集团内部调配资源、相互发展的空间就越大。通过企业间并购把集团做大，是规避外部不可靠法治、规避不发达市场机制的一种办法。规避法治不足、市场机制不到位的另一办法，就是利用婚姻亲缘扩大生意网络，在效果上与企业间并购类似，或者说也是并购。最近，香港中文大学范博宏教授做的一项研究，很有意思。他和同事一起，收集了泰国最大财团家族在1991至2006年间的婚姻新闻，只要结婚的一方是泰国最大150家上市财团的家族成员，即算做一例，共有200例。 你知道，泰国的财团家族大多数是

第21课 没有爱情的婚姻是一笔交易：市场如何解放个人

20世纪上半叶从中国移民过去的，他们基本保留了中国的文化传统，包括家庭结构和商业习惯。

"他们的研究发现，这些财团家族婚姻中，有33%是跟政府高官的子女联姻，拉'权力关系'；有47%是跟其他财团家族联姻。这两项带商业目的的婚姻，占总样本的80%，每100对婚姻中，有80对是出于功利，只有20对是出自爱情或者非利益考虑！这些财团家族多么务实呀，爱情被放到什么位置了！

"如果按行业分的话，范教授发现，房地产财团家族中，96%的新婚姻是跟政府官员家庭、其他财团家族攀亲，而其他行业的财团家族中，只有75%的婚姻是为了商业目的而为之。总体上，政府管制越多、负债越高的行业，其财团家族中的婚姻就更倾向于通过联姻拉关系。看到控股家族后代结婚的消息后，股票市场的反应如何呢？这得看联姻的对象是谁了：如果联姻对象是政府官员家庭，那么，该财团家族控股的上市公司股票，5天内平均涨1.9%；如果联姻对象是另一财团家族，股价平均涨1.3%；最糟糕的是，如果是基于爱情结婚，不带商业目的，那么，该家族控制的上市公司股价基本没有任何反应！也就是说，在股市投资者看来，这种婚姻对家族企业没有帮助。"

陈笛："股民真是很务实呀！这是说，整个泰国社会都清楚，通过联姻建立的商业网络对公司未来增长更有利。像泰国，法治

差，人治为主，政治联姻对公司最好。商业联姻，对家族企业的其他股东也更好。"

"是呀，这就是人们说的，亚洲社会很讲关系，没有关系就办不成事。那么，如何建立最牢靠的关系呢？'血浓于水'，当然亲生子女的关系最近、最可靠。而除了血缘外，婚姻是其次最靠得住的建立长久关系、长久信任的方式。按照这一思路，

正因为传统社会里,婚姻的基础是利益交换,不是爱情,那么,传统社会里,离婚率就很低。为了方方面面的利益格局,你不能以夫妻缺乏感情为由而离婚。离婚会打破太多的利益格局。"

陈笛:"不过,即使普遍基于利益而联姻的社会里,人们还是会有感情需要,会有爱情的。我不知道传统社会里,他们如何应对这些?"

"那就延伸出许多不同的变通安排,不同的社会,变通的办法不一样,相应的社会文化也不同。原来的中国社会,允许一夫多妻、三妻四妾,那一方面是为了增加多生儿子的概率,满足'养子防老'的需要,另一方面,是让儿子除了为商业利益娶媳妇之外,还有机会选择自己的所爱。当然,现在的中国,只允许一夫一妻,这是进步。在中国的香港和台湾,以及韩国、日本等地方,许多家族掌门人除了正式妻子外,都有红颜知己情妇,这些家族和社会都对此默认,或许因为他们知道妻子是出于商业利益而娶,所以,他们只好对家族成员的婚外情视而不见。"

陈笛:"不同社会的变迁,很有意思。爱情是什么时候开始成为婚姻的基础?这种转型又是如何发生的?"

"刚才我们讲过,利益是婚姻的主要甚至唯一因素,是世界所有社会共同的属性。'门当户对'、父母'包办婚姻',在欧洲历来就是这样。特别是,在近代之前,欧洲城邦国家王室之间经常联姻,用意就是为了外交政治,为增强国家实力、避免战争。最有名的例子包括,英国1688年'光荣革命'之后的威廉三世国王,他本来是荷兰奥兰治王子,娶了英王詹姆士二世的女儿玛丽,进行跨国联姻;'光荣革命'之后,威廉三世成了英王,结束了一场大危机。另外,西班牙、意大利、法国等也充满了这样的跨国政治联姻。

"感情主导婚姻,首先发生于两百多年前的西欧,其原因当然很多,但主要有两方面。第一,经过中世纪末期开始的文艺复兴、思想启蒙运动,到18世纪末,西方人对'人为什么活着''人是什么'这些问题进行了系统的反思,文学作品充满了对功利主义婚姻与人际关系的批判,突出不顾家庭束缚、追求个性化爱情的故事,其结果是让'个人'开始站起,包括个人自由、个人权利、个人行为主体空间,这些反思当然涉及'什么是婚姻'、婚姻的决策权问题。第二,经过16—18世纪近三百年的发展,商业革命已使西方解决了温饱问题,经济收入水平已经足够高,市场已很发达,特别是像保险、借贷等金融行业也足够发达了,这些让个人可以更多依赖市场解决生活安全问题,而不是像以前那样必须依靠家族、宗族这条独木桥。当然,从1780年左右

第21课 没有爱情的婚姻是一笔交易：市场如何解放个人

开始的工业革命，更是加快了市场发展、提高了个人收入，这些都对婚姻、家庭、个人空间产生很大的影响，淡化了婚姻的利益因素。是市场的发展、文化反思，让爱情逐渐颠覆了功利性婚姻。"

陈笛："为什么市场发展、经济发展能对婚姻产生这样的影响？"

"最简单的解释就是，没钱、没饭吃的时候，其他诸如自由、感情的东西就管不上了；而即使经济发展、收入提高了，没有家庭之外的方方面面市场，那也还是不行。一个很有意思的例子，就是孟加拉国，世界最穷国家之一。1989年，一些机构融到一笔资金，在孟加拉国的农村修建一座大的防洪堤，堤建好后，让数万农家受益，特别是让当地的农民一年能种两季粮食，而原来只能种一季，等于是让农民收入翻了一倍。这么简单的事，对当地人婚姻、家庭的影响如何？我的一位同事对此做了几年的研究，他发现，没有大堤之前，由于许多家庭很穷、付不起彩礼和嫁妆，所以，很普遍的做法是亲戚之间进行配对婚嫁，以节省费用。但是，大堤修好后，人们收入翻倍，近亲结婚的比例大大减少，子女联姻的选择范围扩大，个人空间立即解放许多，嫁妆也多了，让新娘嫁出去得到的尊重也有所提高，整个地区的文化发生变化。"

我知道，许多朋友会说，中国这个社会在过去这些年不仅没有去功利化，正好相反，是更功利化了。或许，在政府管制无所不入、权力渗透到每个领域的情况下，"关系"不重要也不行！所以，通过联姻达到商业目的现象也许又不得不抬头，中国社会可能回到像泰国那样。

但是，我们又不得不看到，在主流中国社会，爱情开始或者已经在继续颠覆功利性婚姻，感情总体上是婚姻的基础。中国越来越高的离婚率，证明婚姻已经不再是利益交换的代名词。按照美国 UCLA 大学阎云祥教授的研究，即使是东北农村，农民也不再把婚姻之事叫作"说亲家""说对象"，而是叫作"找对象""谈恋爱"，婚事的选择权已经从父母转移到年轻的当事人身上。这些文化变迁是渐进的、潜移默化的，但确确实实在中国社会发生。

很多人说，经济学家动不动就谈市场的重要性，好像世界就该这么冷冰冰的，什么都以货币计算、交易，什么都"亲兄弟明算账"，没有"人情"。可是，实际上，就如我跟陈笛交谈的那样，如果没有市场的深化发展，整个社会反而没有浪漫，没有爱情，没有"人情"，到处只有利益。在市场不够发达的情况下，连婚姻、家庭都要跟商业目的、利益交换捆绑在一起，让你搞不清对方想要你是因为你对他的商业、事业有利,还是因为他爱你这个人!结果是,社会中表面有"人情",实际没有属于情感的空间。

商品交易、金融交易的市场化发展,本身就意味着许多人际利益交换从婚姻、从家庭家族中剥离出来,意味着家庭与商业的边界越来越清晰,淡化了婚姻与家庭的经济交易功能,强化了婚姻与家庭的感情功能,把那些冷冰冰的利益交易留给市场去做。具有讽刺意味的是,一个拥有足够发达市场的社会,反而才可以普遍充满浪漫、充满情感,因为如果没有市场,连婚姻、家庭都必须定义在利益交换上!

今天的中国社会,个人收入已越来越高,对感情的认同也很深,已经没有多少父母愿意为了利益而去牺牲子女的婚姻,去迫使子女政治联姻、商业联姻了。

第 22 课

借钱花好不好

当下与未来的平衡

"陈笛，这次金融危机还在恶化，你们同学也受到影响。可能有些父母失去工作，也有些父母交不起住房贷款月供，把自家房子交给了银行。不过，新上任的奥巴马总统在不断推出救市措施，通过政府花钱刺激经济，比如，给那些付不起月供的家庭补贴，让他们能继续住在房子里；给失业的人更多、更长时间的福利支持……"

陈笛："我知道，我很反对奥巴马的经济政策。他把我们交的税钱随便补贴给别人，补贴那些无能、不负责任的人！他们中的许多人，本来就不该超出自己的经济能力，借那么多钱买大房子，到现在，他们还不起债，又要政府来补贴、救济！这当然是那些无能的人所惯用的手法，政府不应该救他们！"

"但是，现在他们已经是这样了，过去是不该超出自己能力借钱消费，不过，许多人讲，那是以前的事；他们会说，你讲的这些都对，只是目前的问题是如何从危机中走出来，让社会就业不至于进一步恶化,让整个经济不至于陷入更加恶性的循环中,使危机的影响更深远。"

陈笛:"人们有没有想过,不救也许是对社会更有益的选择?如果个人不负责任产生的后果都能得到政府的补救,那谁还会在意认真负责任呢?谁还会相信个人责任、个人对自己负责是一个良性社会的基础呢?"

"是这样的。只是,也有许多人自己做事认真、量入为出,由于所在行业或者自己公司的问题而失业,这种失业不是因为这些个人的错,而是由于他人的不负责所致。在这些情况下,政府或许该救吧?"

陈笛:"那种情况当然不同。不过,怎么区分哪些结果是个人自己所致、哪些是别人的行为所致?我不相信政府官员能做这种判断。还是该让社会经受教训、吸取教训,否则人人都要去指望政府了,人人都要懒惰了,那就意味着政府要不断征税,等于要处罚那些勤奋工作的人,把他们的劳动收入征走!有件事是我从根本上反对的,就是累进递增税率制度(progressive taxation)。"

"你说的累进递增税率制度是，个人收入越高，每赚一块钱要交给政府的比率就越高？"

陈笛："是的，这是我们老师在学校讲到的。为什么越有能力、越成功的人反而要交更高比例的收入给政府呢？他们从政府得到的服务又不比别人多，甚至比穷人得到的更少，要他们交更高的税，这显然不能接受，在道德上也是错误的。政府不能滥用征税权去掠夺成功者的财富。"

"不过，也有另一面考虑，那就是，政府开支是给全社会带来好处，那么，其成本当然得由社会承担了。这些开支，由那些收入高的人多承担、收入低的少分担，这不是也有道理吗？"

陈笛："不完全是这样吧。即使只有单一税率，大家付同样比例的税，收入高的人不也要多交税吗？比如，如果每人收入的20%给政府，那么，年收入一万的人交两千，收入十万的人交两万，他们不还是交的更多吗？不管收入高低，按统一比例交税，那才最公平合理。我就怕听人说，'钱多的人有基础多交税，因为他们反正钱多'，如果我钱多，那是我的钱，本来就不属于政府，不属于别人的。不能因为我能多交，所以我就必须多交税。如果我从付税中得不到相应的回报，就不应该多交，我的钱是我的！"

第 22 课 借钱花好不好：当下与未来的平衡

"你姐姐说：'同样的两千块钱，对穷人和富人的主观价值不同。假如张三年收入一万，李四年收入十万，那么，两千块对张三来说，其主观价值可能远高于两万元对李四的意义，因为即使交了这两万元税，李四反正还有八万块，而张三交完两千块后只剩下八千。也就是说，李四为交税付出的痛苦，比张三要低。'所以，陈晓觉得，如果按照社会各纳税人要付出同样多痛苦来定义公平的话，或许，累进递增税率有它的道理。你姐姐说的不是也合理吗？"

陈笛："但问题是，谁知道交两千块钱税对张三造成的主观痛苦是多少？交两万块钱税对李四造成的主观痛苦又是多少呢？由谁去做这种判断？又由谁去判断做这种公平判断评估的人是否公平呢？我们怎么保证判断是否公平的人自身是公平的？太主观了！相对而言，钱是最客观的，它已经是社会最普遍的价值标准。"

"还有一个因素要考虑到，就是经济学家讲的转移支付，是说，政府征税的目的一方面是为了支持像国防、社会秩序、公路这样的政府开支，另一方面是由政府通过向富人多征税来补贴穷人。这就是'共同富裕'的理念。"

陈笛："这恰恰是我最反对的，我坚决反对奥巴马的这种杀富济贫理念。政府转移支付、社会福利，听起来蛮好，但结果就是让那些没受什么教育、不负责任的人不断地生小孩。像最近那个苏尔曼女士，她33岁、单身，之前就有6个小孩，但今年1月又通过人工授精，一下再生了8个小孩！她没什么收入、没结婚，靠政府福利养着，这种不负责任给社会带来那么大的负担，凭什么要纵容、支持这种人？每个人都有机会创业致富，去通过自己的奋斗也像别人那样成功。如果他们不这样去做，那是他们的问题。既然这样，为什么到最后成功的人受税制处罚、不努力的人反而受到奖励呢？为什么我要为他们的错误埋单？"

第 22 课 借钱花好不好：当下与未来的平衡

"这是一个度的问题。如果没有任何最低社会保障福利，那些尽了自己最大努力但不幸运、还是失败的人怎么办呢？那不是很糟糕吗？实际上，通过征税建立最低社会保障，可以鼓励更多人去大胆创业、冒险，因为即使冒险创业失败的人，也不用担心没法过上基本的体面生活。你想想，一个社会再富有，如果有太多人连基本体面的生活都没有，那些富有的人能生活得安稳吗？难道不会出现社会秩序、人身安全方面的问题？"

陈笛："最基本的最低保障可以有，但不能超出，太多福利必然鼓励懒惰。"

"你姐姐说：'陈笛之所以对社会福利、累进税率这么反对，是因为她一直生活在泡沫之中，被爸爸妈妈给她提供的糖衣泡沫包住了，不知道普通人是怎么生活，更不知道如果有一天她自己不成功，将会过怎么样的日子！'所以，陈晓觉得你是被惯坏了，让你觉得好像贫困跟你没关系。"

陈笛："陈晓是为那些无能、没有奋斗意志的人辩护！不管我今后是否成功——当然，我相信能成功——但我肯定会去奋斗，会以自食其力为荣。"

"奥巴马政府会说,他们之所以要大举救经济、救社会,是因为过去很多年,许多不该借钱的人借了很多债,许多银行、金融机构不负责任,美国政府也负债不少,给奥巴马的人马留下太多烂摊子,是这种包袱让奥巴马别无选择。这就引出很多问题,比如,借钱花是否好?为什么要借钱花?"

陈笛:"借钱花显然不好,量入为出才对。根据自己收入的多少,决定花多少钱,这才能培养个人的责任感。"

"但是,这得看你怎么定义'收入'了。个人可以花的'收入'不能只包括过去和今天的收入,也该包括你未来的收入,也就是你一辈子的收入。过去的、今天的和未来收入预期,这些收入加在一起,是你可以花的总数。意思是说,只要借的钱没有超出你未来的收入预期,那么,就没有违背'量入为出'的原则,你还是在自食其力。"

陈笛:"你怎么知道未来收入预期可靠呢?在你借钱后,如果预期无法实现,怎么办呢?"

"如果大家的收入预期都没有实现,但都已经借了很多钱,那么金融危机就出现了。你是不是说,不管怎样,你将来都反

第22课 借钱花好不好：当下与未来的平衡

对借贷？"

陈笛："这得看钱的用途。如果借钱做纯粹的、没有产出的消费，像花钱买奢侈衣服、消费品，那就不应该，是浪费。但是，如果是借钱投资、办企业，那样，花钱能带来产出，借钱花也行。所以，关键看用途是什么，是消费，还是投资。"

"这也很难说清吧。什么是纯粹的消费，什么是纯粹的投资？就像吃饭、穿衣，这应该是最典型的消费行为，但你不能说这种消费不是投资，因为如果你把人也看成是能生产、创造的机制，那么，吃饭、穿衣就等于是对人力资本的投资，或许，吃得好使身体健康、穿得好会让人印象深刻，这些都可以为公司带来更多销售，为自己增加收入和财富，这不也是在投资吗？"

对话后语

这次，我们没谈一个具体企业的商业故事，而是先谈奥巴马的"大政府"政策、税收制度等等。这个话题每次一谈起，陈笛就情绪激动。真不知为什么，她和姐姐陈晓同样是我的女儿，也都是她们的妈妈带大，上的学校也几乎一样，我们也没有跟她们讲太多税收和意识形态的东西，可是，陈笛和陈晓对政府福利、税收制度有着完全不同的立场。

我能想到的唯一解释是这样。陈笛从小就喜欢钱,对钱、对她自己的东西最珍惜、最保护,包括收藏她小时候用过的东西。只要涉及要她钱的事情,就会本能地极度警惕,会不顾一切地保护。所以,当听到美国民主党主张多征税,特别是针对富人更多征税并用于转移支付时,陈笛就坚决反对。那么,对待失败者、对待低收入阶层的态度如何呢?她说,如果她的父亲能够从那么贫穷的湖南农村爬到美国、能成功,那么,在美国出生长大的人就没有理由不自己成功。她说,他们的条件无论如何优于湖南农村的条件,他们不能赚到足够高的收入,完全是他们自己的过失、是懒惰所致,政府和其他人不应该帮助他们。

其实,陈笛是个心地善良的女孩,她很喜欢我的湖南故乡,尽管因为语言的障碍她无法跟湖南老奶奶交流,但她还是对奶奶很有感情。

相比之下,陈晓从来不在乎钱。在谈到政府福利、税率问题时,陈晓会首先想到那些不幸运、特别是贫苦家庭出身的人,会想到,高收入的人钱多,所以本来就应该多交税;而陈笛的第一个反应就是:为什么我要多交钱?为什么贫苦的人自己不努力?

我的两个女儿从小一起长大,但却这么不同。难怪这个世界那么丰富多彩。

第 22 课 借钱花好不好：当下与未来的平衡

在中国文化中，借钱总是件很负面的事，透支、负债、欠钱等等是一些贬义词。或许正因为此，证券类金融市场在中国历史上没有机会发展，一直受到抑制。

从技术层面讲，借贷类金融交易的特征是，帮助借方把一次性大的开支平摊到今天和未来许多年月上，让一次性大开支不至于把个人、企业或者国家压垮。就像买房，假如要 120 万元，这种开支很大，但买下之后，不只是今天享受，未来许多年也会享受其好处，所以，通过按揭贷款把这些支付压力平摊到未来 30 年，不是让"享受"和"成本"在时间上更匹配吗？这应该是一件很好的事。

到今天，借贷金融对个人、家庭、企业、国家的贡献，仍然被低估。但是，如果做客观分析，我们会发现借钱花也可以是好事，在某些情况下，甚至是更好的选择。比如，如果我们把公元 1600 年左右的国家分成两组，一组是国库深藏万宝的国家，像明朝中国在那时国库藏银 1250 万两（尽管明朝当时快要灭亡）、印度国库藏金 6200 万块、土耳其帝国藏金 1600 万块、日本朝廷存金 1030 万块；另一组是负债累累的国家，像西班牙、英国、法国、荷兰、意大利各城邦国家。那么，从四百年前到 19 世纪、20 世纪，哪组国家发展得更好呢？当年国库藏金万贯的国家，除日本于 19 世纪后期通过明治维新而改变其命运外，其他的到今天还都是发展中国家，而那些当时负债累累的却是今天的发达国家！

我们中国人是这么喜欢存钱，以至于在第一次鸦片战争之后，1842—1848年间朝廷每年的财政盈余还在1500万两银子以上，这种年年财政盈余的状况一直持续到1895年。按理说，两次鸦片战争失败的教训，即使没有逼着朝廷预支未来的收入加快国力发展，也至少应该使他们愿意把岁入都花掉搞发展，而不是还想着往国库存钱！到最后，晚清也像宋朝、明朝末年那样，战争开支和赔款实在太大，在历来因为不用发债融资而使中国债券市场没机会发展的状况下，朝廷无法用债券把那些大支出的压力平摊到未来。过不了支付压力这一关，清朝就只好垮台。

中国以及其他发展中国家今天又是外汇储备千万亿美元，而西方发达国家仍然负债累累，在未来几个世纪，莫非还要重演过去几个世纪的历史？关键看中国今后如何利用债券市场以及其他证券市场了，相信中国是不会因这次全球金融危机而因噎废食、得出"抑制金融创新是上策"的结论了！

第 23 课

中美家庭模式比较

把家庭从经济利益中解放出来

谈到商业模式，我们一般都将其跟企业公司连在一起，好像除了这些营利性人造组织之外，就不曾有过类似的东西。"公司"在西方出现于16世纪。在中国，"公司"是19世纪60年代、洋务运动之初引进的，之前，商业组织基本是家庭、血缘体系的延伸，所以，"家"和"企业"总是连在一起。

再退一步看，实际上，"家"也是一种利益结盟体，而且是"公司"出现之前人类社会最主要的利益结盟形式，这里的"利益"包括经济利益和感情需要，只是跟"公司"的自愿选择结盟相比，"家"结盟是天生的、非自愿选择的结果，只有"婚姻"这条延伸"家"的途径是可以选择的。"家"既是生产组织，又是实现人际资源共享、风险交换的组织，"家"利益最大化即是其终极目的。所以，许多关于"公司"的逻辑和理论，也可以用来理解"家"相对于社会的边界为什么是这样，而不是那样。为什么不同社会有不同的家庭模式？又是什么因素主导家庭边界的变迁？

不同家庭模式自然会带来不同的社会文化、社会结构以及其他结果。一天早晨，在开车送陈晓、陈笛上学的路上，我跟

第23课 中美家庭模式比较：把家庭从经济利益中解放出来

她们谈起"家庭代际模式"的话题。我问她们，中美社会的两种家庭模式，哪种更好。答案当然是仁者见仁、智者见智了。

中国儒家的家庭理想中，父母生儿育女，是"养子防老"，是为了针对可能出现的病残、意外损失进行保险，所以，养育儿女是一种投资；儿女长大后，必须无条件地"孝敬"、回报长辈，要在经济和精神上回报老人。而且，其所以"多子多福"，是因

为这样能降低投资风险、增加回报的概率。"四世同堂"则是实现这种代际交易的具体形式之一，也是儒家的理想境界。而"三纲五常"则是保证这种交易能执行、减少违约风险的具体价值秩序，其他关于"光宗耀祖"、祭祖、家庙、祠庙等等文化和形象建筑，都是为了强化这些代际、家内交易契约的可执行性，让大家更愿意留在该交易体系中。通过这些价值体系和文化素质，儒家强调的是后辈对长辈的义务，是无条件、无选择、必须履行的义务。所以,儒家主张的是一种以"孝敬回报"(payback)为主线的家庭模式，强调的是后辈对长辈的义务。

相比之下，美国社会强调的是父母对未成年子女的责任，而子女成年后不一定对长辈有明确的回报义务。也就是说，一对夫妻可以选择不生小孩，但是，一旦他们生了小孩，就有义务把小孩照顾好、养大成人，有义务供他们上学、受教育。父母对后代的责任到小孩成年时结束，今天一般以小孩大学毕业为界，从此以后，后代要为自己的生活负责，不能再指望父母了，而父母对他们也不再有任何义务了。

之后，父母当然希望子女常来看望自己，但是，他们不会以道义强迫子女这样做；子女则可以选择常去看望父母，也可给予经济支持，实际上，许多美国子女也的确这样做，但他们没有义务这样。这就是为什么美国父母很在乎跟子女的交流，培养自愿的感情，以这种方式让子女从小就"恋家"、念父母。

第23课 中美家庭模式比较：把家庭从经济利益中解放出来

在财产继承权方面，父母可以通过遗嘱选择给谁多、给谁少，以这种方式引导子女对待父母的态度以及关注度等等。

所以，美国社会主张的是一种以"利益下传"（pass-down）为主线的家庭模式，强调的是父母对子女的责任，而不是子女长大后对父母的义务。美国社会没有"三纲五常"这种压抑个人权利、抑制个人自由的文化体系，父母也用不着逼着子女时时刻刻都得听自己的话，喜欢父母是自愿的、是可以选择的。

一种模式强调子女对父母的义务，一种强调父母对未成年子女的义务，两种模式，哪种更好呢？陈晓说很难讲。陈笛说她更喜欢美国的家庭模式，这似乎不奇怪，因为这对她最有利。但为什么现代社会都朝着美国这种模式逼近呢？

我们可以这样理解美国家庭模式的逻辑，由于小孩在出生前是没有选择权的，而父母则有选择权，他们如果不愿意承担养育的责任，完全可以选择不生小孩；但是，如果在知道这种养育责任的前提下还是选择要生，那么，他们就必须接受这种责任。在这个意义上，把责任主要压在父母的身上，是公正的，对父母、对后代都合理。虽然美国模式下子女没有照顾、爱护年老或病残父母的义务，但这并不意味着美国老人都没人管，因为这种模式下父母往往在子女年龄很小时就尽量与他们交流、培养自愿的感情，通过经常性的度假、聚餐维持家庭感情，这样，长大后的子女还是会经常回家看望父母的，更何况政府的社会保障福利体系、养老院,为每个人提供了最低养老保障。

相比之下,在儒家的家庭模式下,虽然子女在出生之前没有任何选择,但他们从小就受到"三纲五常"等级秩序的约束,必须方方面面遵守这种秩序的规范,成为儒家家庭和社会"大机器"中的"螺丝钉",没有自我、没有个人身份,但却要无条件、无选择地接受"孝敬"长辈、听从长辈的义务,而且,不管你年纪有多大了,这种听从长辈的义务一辈子也摆脱不了。对被动地来到人世间的子女,这种束缚不公正,因为他们必须没有选择地接受这一辈子也摆脱不了的责任。

不过,在今天的中国,个人未来经济安全、生活需要逐渐能通过保险、养老基金、投资基金等金融品种安排好,我们有条件把家庭从经济利益交换的功能中解放出来,让家庭重新定位在感情交流、心灵沟通的功能上,以能够跟子女平等交流沟通而欣慰。

第 24 课

洛克菲勒的财富和公益事业

"授人以鱼,不如授人以渔"

到2009年5月，陈晓16岁、陈笛14岁了。跟陈笛谈商业模式两年多，现在她的兴趣点已经有些转移，并不是任何时候都愿意跟我谈商业模式了。而找到她愿意谈的时候，也越来越难。就是说，这本书只好告一段落。按照我夫人的话说，陈笛已经从作为爸爸妈妈的女儿正式转变为她自己的人，她的自我世界、独立人格趋于成熟了。这当然意味着我必须跟她找到新的共同兴趣点。那么，今后的话题会是什么呢？

这本书最后的一个故事是关于洛克菲勒（John D. Rockefeller）的。洛克菲勒是19世纪美国的传奇式人物，1839年出生，1937年去世。

"陈笛，以前，我们都是谈到创业故事、个人财富故事，没有涉及这些人赚钱后，是如何花钱的，毕竟一个人一天只吃3顿饭，天热时穿件单衣，不会因为你有钱，就一天吃100顿饭，那样你会长胖，反而坏掉身体，或者，不管天气多热，也照样

第 24 课 洛克菲勒的财富和公益事业:"授人以鱼,不如授人以渔"

穿五六层衣服,那样,你会热死。洛克菲勒是第一个大规模出钱支持公益事业的富翁,是他开始了将财富跟社会公益事业挂钩的传统。"

陈笛:"我不清楚他的故事。他如何起家,做什么创业?"

"洛克菲勒在 1863 年,24 岁时,跟另一个人一起,在克利夫兰市创办了一家炼油厂。1870 年,在他原来公司的基础上,组建'标准石油公司',这是洛克菲勒商业模式的核心。他的模式跟我们以前谈到的沃尔玛有些类似,只是比后者早一个世纪,就是利用'规模'形成垄断,以此降低进货成本,抬高产品卖出价格。首先,他不断吞并竞争对手,比如 1872 年初两个月内,买下克利夫兰市 26 家炼油厂中的 24 家,而克利夫兰是美国当时五个最主要的炼油中心之一;同期,在纽约州、宾夕法尼亚州、新泽西州,也大举吞并对手公司,而那时美国石油业都在这些州。到 1900 年前后,在汽油、柴油领域,标准石油的市场份额接近 90%。

"一旦控制了石油业,洛克菲勒的下一步就是跟那些原油提供商、铁路运油公司砍价,特别是对运油公司,他要求不仅给标准石油很低的运输价,而且在它们为其他炼油公司运油时,每运一吨也必须给标准石油一些回扣。如果运油公司不答应,就威胁找别的铁路公司。由于标准石油的规模太大,铁路公司只好就范。这一来,标准石油的竞争优势当然高高在上,无可阻挡,逼着其他对手公司,要么卖给标准石油,要么被竞争致死。成品油价格也基本由标准石油来定。垄断利润自然很高。"

陈笛:"这的确是个好办法。解决了竞争对手,巩固了自己的地位,最后你就能控制局面了!"

"但是,这种垄断一方面让其他人的生意没法做,另一方面对消费者也不利,虽然从 1870 年到 1911 年柴油零售价下降了 80%,可是,没有竞争的情况下,你很难知道老百姓付的价格是否可以更低。正是由于标准石油的垄断所为,美国国会于 1890 年通过反托拉斯法案,以鼓励公平竞争。后来,标准石油在该法律下被起诉,1911 年,美国联邦最高法院判定标准石油败诉,裁定将标准石油拆分成 34 家独立公司,今天的埃克森、雪佛兰、美孚等石油公司都是标准石油分出来的。当然,这也让洛克菲勒家族在所有这些石油公司中都持有大量股权,19 世纪末、20 世纪上半叶,洛克菲勒家族是美国最富的家族,按照经济史学者的估算,洛克菲勒的财富相当于今天的 3180 亿美元!这很多吧!"

第24课 洛克菲勒的财富和公益事业:"授人以鱼,不如授人以渔"

陈笛:"刚才你说到,他拿这些钱怎么办呢?"

"洛克菲勒是个很有争议的人物,在商业之外,他是一个非常善良,也时常被误解的人。他对教会非常投入,自从小时候拿到第一份工资开始,他就把每份收入的10%交给教会。在他有生之年,他捐钱成立了芝加哥大学、洛克菲勒大学、纽约的洛克菲勒医学研究中心,于1884年在亚特兰大建立黑人女子学院,对医学和教育领域都有大量投入,仅纽约的洛克菲勒医学研究中心至今就出了24位诺贝尔奖得主。1913年,洛克菲勒基金会在纽约成立,基金会头一年里就决定捐款为中国发展医疗,在北京建立'协和医学院',该医院后来成为中国最著名的医院和医学院。

"在1915年签订的协和医学院建院协议中,目标设定为'建立一个与欧洲、美洲同样好的医学院,具有优秀的教师队伍,装备优秀的实验室,高水平的教师医院和护士学校'。为建这所学校,很多材料都得进口,投资巨大,在聘请优秀教师上更加不遗余力。据后来的统计,建校成本是当时的750万美元左右。在洛克菲勒基金会的头十年里,对协和医学院的投入共1000万美元,远超捐赠给约翰·霍普金斯医学院的钱。协和医学院对中国医学发展的贡献是基础性的,中国第一代现代医学的领军人物如林巧稚、吴阶平、陈志潜等,几乎尽出自协和,连后来在中国流行的'赤脚医生'模式都是由陈志潜在 1930 年推出的。洛克菲勒基金会对中国社会的贡献除了医疗、医学领域外，也包括普通大众的基础教育、人文社会科学研究等许多领域。"

陈笛："如果是我，我也愿意在医学和教育领域多捐赠，这样的捐赠能够帮助社会，但不会像给一些人直接送钱消费那样，鼓励人去懒惰。我反对直接给人钱，不管是政府、还是基金会和公司或者个人，宁可提供奖学金、捐钱办学、办医院，但不要直接给钱，前者会鼓励人去学本领，后者完全相反。"

"实际上，洛克菲勒的思路跟你说的一样。他的基金会不支持穷人救济项目或者其他消费性福利项目，而是侧重人类健康、知识进步、人力资本领域。他的公益捐赠理念和基金会架构，被后来各国富人所模仿。看到洛克菲勒这些奉献，你能感觉到他的思路，他最怕名义上帮人但实际效果是害人的'好心'，比如他最有名的格言有'你想使一个人残废，只要给他一对拐杖''你否定了他的尊严，你就抢走了他的命运。'下面是他 1911 年写给儿子的信，非常值得认真细读，而且你长大以后还应该再读。"

洛克菲勒给儿子的信 [1]

1911 年 3 月 17 日

亲爱的约翰：

我已经注意到那条指责我吝啬，说我捐款不够多的新闻了，这没什么。我被那些不明就里的记者骂得够多了，我已经习惯了他们的无知与苛刻。我回应他们的方式只有一个：保持沉默，不加辩解，而无论他们如何口诛笔伐。因为我清楚自己的想法，我坚信自己站在正确的一方。

每个人都需要走自己的路，重要的是要问心无愧。有一个故事或许能够解释为什么我很少理会那些乞求我出钱来解决他们个人问题的人，也更能解释让我出钱比让我赚钱更令我紧张的根源。这个故事是这样说的：

有一家农户，圈养了几头猪。一天，主人忘记关圈门，便给了那几头猪逃跑的机会。经过几代以后，这些猪变得越来越凶悍以致开始威胁经过那里的行人。几位经验丰富的猎

---

[1] 选自《洛克菲勒留给儿子的38封信》，张占磊编译，中华工商联合出版社，2012年。

人闻听此事，很想为民除害捕获它们。但是，这些猪却很狡猾，从不上当。

约翰，当猪开始独立的时候，都会变得强悍和聪明了。

有一天，一个老人赶着一头拖着两轮车的驴子，车上拉着许多木材和粮食，走进了"野猪"出没的村庄。当地居民很好奇，就走向前问那个老人："你从哪里来，要干什么去呀？"老人告诉他们："我来帮助你们抓野猪啊！"众乡民一听就嘲笑他："别逗了，连好猎人都做不到的事你怎么可能做到。"但是，两个月以后，老人回来告诉那个村子的村民，野猪已被他关在山顶上的围栏里了。

村民们再次惊讶，追问那个老人："是吗？真不可思议，你是怎么抓住它们的？"

老人解释说："首先，就是去找野猪经常出来吃东西的地方。然后我就在空地中间放一些粮食作陷阱的诱饵。那些猪起初吓了一跳，最后还是好奇地跑过来，闻粮食的味道。很快一头老野猪吃了第一口，其他野猪也跟着吃起来。这时我知道，我肯定能抓到它们了。

"第二天，我又多加了一点粮食，并在几尺远的地方树起一块木板。那块木板像幽灵般暂时吓退了它们，但是那白吃的午餐很有诱惑力，所以不久它们又跑回来继续大吃起来。当时野猪并不知道它们已经是我的了。此后我要做的只是每

第 24 课 洛克菲勒的财富和公益事业:"授人以鱼,不如授人以渔"

天在粮食周围多树起几块木板,直到我的陷阱完成为止。

"然后,我挖了一个坑立起了第一根角桩。每次我加进一些东西,它们就会远离一些时间,但最后都会再来吃免费的午餐。围栏造好了,陷阱的门也准备好了,而不劳而获的习惯使它们毫无顾虑地走进围栏。这时我就出其不意地收起陷阱,那些白吃午餐的猪就被我轻而易举地抓到了。"

这个故事的寓意很简单,一只动物要靠人类供给食物时,它的机智就会被取走,接着它就麻烦了。同样的情形也适用于人类,如果你想使一个人残废,只要给他一对拐杖再等上几个月就能达到目的;换句话说,如果在一定时间内你给一个人免费的午餐,他就会养成不劳而获的习惯。别忘了,每个人在娘胎里就开始有被"照顾"的需求了。

是的,我一直鼓励你要帮助别人,但是就像我经常告诉你的那样,如果你给一个人一条鱼,你只能供养他一天,但是你教他捕鱼的本领,就等于供养他一生。这个关于捕鱼的老话很有意义。

在我看来,资助金钱是一种错误的帮助,它会使一个人失去节俭、勤奋的动力,变得懒惰、不思进取、没有责任感。更重要的是,当你施舍一个人时,你就否定了他的尊严,你否定了他的尊严,你就抢走了他的命运,这在我看来是极不道德的。作为富人,我有责任成为造福于人类的使者,却不能成为制造懒汉的始作俑者。

任何一个人一旦养成习惯,不管是好或坏,习惯就一直占有了他。白吃午餐的习惯不会使一个人步向坦途,只能使他失去赢的机会。而勤奋工作却是唯一可靠的出路,工作是我们享受成功必须付出的代价,财富与幸福要靠努力工作才能得到。

在很久很久以前,一位聪明的老国王,想编写一本智慧录,以飨后世子孙。一天,老国王将他聪明的臣子召集来,说:"没有智慧的头脑,就像没有蜡烛的灯笼,我要你们编写一本各个时代的智慧录,去照亮子孙的前程。"这些聪明人领命离去

第24课 洛克菲勒的财富和公益事业:"授人以鱼,不如授人以渔"

后,工作很长一段时间,最后完成了一部十二卷的煌煌巨著,并骄傲地宣称:"陛下,这是各个时代的智慧录。"

老国王看了看,说:"各位先生,我确信这是各个时代的智慧结晶。但是,它太厚了,我担心人们读它会不得要领。把它浓缩一下吧!"这些聪明人费去很多时间,几经删减,完成了一卷书。但是,老国王还是认为太长了,又命令他们再次浓缩。

这些聪明人把一本书浓缩为一章,然后减为一页,再变为一段,最后则变成一句话。聪明的老国王看到这句话时,显得很得意。"各位先生,"他说,"这真是各个时代的智慧结晶,而且各地的人一旦知道这个真理,我们大部分的问题就可以解决了。"这句话就是:"天下没有白吃的午餐。"

智慧之书的第一章,也是最后一章,是天下没有白吃的午餐。如果人们知道出人头地,要以努力工作为代价,大部分人就会有所成就,同时也将使这个世界变得更美好。而白吃午餐的人,迟早会连本带利付出代价。

一个人活着,必须在自身与外界创造足以使生命和死亡有点尊严的东西。

爱你的父亲

帮人之心不可无,但是,稍微不小心,帮人的方式会成为害人的途径。"授人以鱼，不如授人以渔"呀！当然，随着中国的创业成功者越来越多，洛克菲勒的公益参与模式也会在中国社会变得普遍。

附录

给女儿的信之一

给孩子以选择的自由

陈晓、陈笛：

今年你们已分别是 16、14 岁了，过几年就要离开爸爸妈妈，去上大学，独立生活。今天，你们正在形成自己的价值观，特别是文化观、人生观，这些观念最后将影响你们整个的人生经历、幸福、价值……在此之际，我还是想跟你们交流一些我和你们妈妈的想法、愿望。

首先，我要说，你们一生幸福是我们最大的愿望，长大后你们做任何事情都应以是否让自己幸福为标准。我们当然会希望你们总在身边，爱自己子女的父母都会这样想，只是，你们不要管我们的愿望如何，只要你们自己一辈子幸福，我们就开心。一般的中国父母都会跟小孩强调"孝顺"，也指望着小孩长大后赡养他们，这正是所谓的"养子防老"。许多父母，或说整个中国社会，都以子女是否"孝顺"来评判子女的"好坏"。你们千万不要有这种包袱。

说实在的，我和妈妈已经买好退休基金、医疗保险、投资基金，甚至也买好长期护理保险，这种保险的意思是，如果我们老了不能动、需要他人长期护理，那么，保险公司可以支付这种护理费用。等我们老了，要么雇人照顾，要么就去养老院。总之，我们会在经济上做好各种安排，等年老后不用你们"孝敬"回报，不会让我们成为你们经济上的负担。我们这样做，不是因为担心你们不"孝顺"，而是太爱你们，太在乎我们会成为你们的负担。我们真的不愿成为你们未来职业追求、生活追求的负担，你们的幸福是我们唯一的希望，这包括尊重你们长大后选择职业、选择男友的自由。

这是什么意思呢？设想一下，假如我和妈妈没有自己的养老和医疗保障，而是将来完全靠你们的话，我们今天会让你们随便选择专业与职业、选择男朋友吗？不会的！因为那样的话，你们未来的收入、丈夫不只是决定你们自己的生活，也决定我们年老时的经济状况，你们未来收入的一份是我们的，也就是说，你们就是我们的产权，是我们对未来养老、医疗的投资。那样，我们能让你们选择学那些没有可观收入的历史、文学、哲学、社会学专业吗？能让你们找那些没出息、未来不会赚钱的男朋友,并让他们做女婿吗?不会的。如果是那样,不管你们多爱一个男孩,只要他未来收入不高、看起来也不孝顺,怎么样也不行,我们不会让我们的退休养老变成个大问号的!

所以,不只是我们要这样做,而且,等你们长大成家后,也应该为自己买好养老金、医疗保险、投资基金;之后,也希望你们教育自己的子女这样做,要一代一代在经济财力上独立、自立,维护自己的尊严,最大化自由!

为什么非得通过金融产品实现一辈子的经济自立,不能通过"养子防老"呢?为什么不能强迫子女"孝顺"、回报父母呢?说白了,我不想看到你们把生儿育女看成是一种利益需要,把子女当成养老避险的工具。人的价值、人的生命应该超越利益诉求!我想说的是,在自己选择怀孕、生孩子之前,你必须问自己:是不是因为爱小孩、爱生命才怀子育女?如果知道自己不一定喜欢子女,但出于养老需要而生孩子,那么,你真的对不起还没出生的子女,因为在他们还没出生之前,就被你赋予了终生的包袱,没出生前你孩子就无选择地担当了众多责任,这对后代是天生的不公平!当然,在金融市场出现之前的传统社会里,为了生存,靠"养子防老"是迫不得已的选择。可是,到了金融市场已很发达的今天,还要靠"养子防老",那就过于对子女不公平了。

如果你们是出于爱而生小孩,那么,就必须为这种选择付出代价，也就是说，你们就有责任养育小孩、供他上学，有义务把他养大成人。长大之后，他当然是他自己的人，享有不属于你们的独立人格，更不是你们的产权。我之所以要强调这点，是因为如果你们不想承担这种责任义务，完全可以选择不生小孩。这种选择权和责任的匹配，对你们公平，对没出生的子女也公平。

是不是说，小孩长大后，不应该关心、照顾父母呢？不是。那要看子女自己的选择了，对父母的赡养应该是子女的自由选择，但不该是一种强制义务。儒家强调的"孝顺"是一种强制。如果子女没有选择权，父母就没有动力去跟子女真正沟通、建立平等的感情了，而是坐享其成，那样的家庭还能温馨吗？

温馨家庭长大的子女，即使没有赡养长辈的强制性义务，他们也会选择照顾、爱护年老父母的，而且那种自愿的选择会更加充满爱，得到照顾的年老父母也会更加幸福。自由选择不等于不会选择。

给孩子以选择的自由，这是最具体的爱。

你们的爸爸
2009 年 4 月 1 日

给女儿的信之二

"担干系，负责任"使自己成器

陈晓、陈笛：

几年前，小张是耶鲁大学的博士生，第一学年博士资格考试时，她没通过。当我们通知她考试没过必须退学时，她自己还好，不是太在意，倒是她在德克萨斯州的母亲闻讯立刻晕倒，被送进医院。母亲还没恢复好，她父亲就赶紧开车来耶鲁求情。

你们知道，从德克萨斯州开车到康州，距离是不近的。在父亲到来之前，小张没有主动找老师说明情况，因为她知道父亲会像往常一样，什么都替她办好的。几天后父亲到了，向各位老师包括我求情，希望给她女儿第二次机会，让她在耶鲁读下去。她父亲跟我是湖南老乡，在德克萨斯州的一所大学教书，说起来我们也算同行。

小张父亲说，她之所以没考好，是因为从小到大，一直到来耶鲁读研究生之前，没有离开过家，而且只吃她母亲做的饭菜，从来不跟其他人打交道，不操办自己的事，即便是联系、申请读博士，也是父亲帮她找人写推荐信，由父母一手包办的。虽然她已经 24 岁，到耶鲁读博士，却是她第一次离开父母，生活难以自理是可想而知的。

在耶鲁读书的一年中，小张父亲来看过她四五次，帮她买好生活用品、准备够菜米，处理好老师和同学的关系。只是平时，因为母亲不在身边，她吃不饱；由于现在要跟另外两个女生同住一套公寓，她们又经常有男女朋友来举办 party，吵吵闹闹，小张时常睡不好，也跟同公寓的女生无法相处。结果，小张挣扎了一年，成绩越来越差。

小张父亲还说，本来这次没考好，小张该自己找老师说。因为以前她没跟别人打过交道，所以，仍然只能由做父亲的出面。

你们知道，我听到这些之后，反而更觉得让小张离开耶鲁大学，是正确的决定，因为我们有责任把资源放在未来有出息的年轻人身上。按耶鲁官方的话说，我们的目的是培养能在各领域独当一面的领导者，特别是学术思想的领导者。

我跟你们分享这个故事，是想谈谈个人责任跟个人自由的匹配关系。小张或许只知道父母溺爱下的随意"自由"，却不知应该跟自由相配的自我责任。实际上，没有自我责任支撑的个

给女儿的信之二："担干系，负责任"使自己成器

人自由与空中楼阁无异，是本质上的不自由。

试想，如果你们今天滥用自己的选择自由，或者干脆就利用爸妈对你们的爱，让自己对什么都知难而退：第一天，把自己的脏衣服到处乱扔，由爸妈帮你们去收拾；第二天，功课一难就不做，要我代替你们做；第三天，在学校与同学发生纠纷，或者碰到其他挑战，也要爸妈出面，到学校找老师解决；第四天，暑假到了，要实习了，又是我去代你们安排……日复一日，你们自己真的完全"自由"了，到哪里、做什么，都由爸妈惦记着、安排好。于是，等你们大学毕业时，工作由爸妈给你们找；等你们要结婚、买房子了，由爸妈帮你们出钱，甚至要动用我们的养老钱……到最后，你们能真有个人自由、自我选择吗？不能！

因为没有自立能力的人，就得事事依靠别人，财务上也靠别人，那当然就谈不上有个人选择空间，谈不上有自由了。再者，今天让我们把精力都花在你们身上、把养老积蓄都用在你们身上了，我们老了后，不是没有选择而必须依靠你们，成为压在你们肩上的包袱？那样的话，在你们成年之后，怎么能根据自己的兴趣志向，五湖四海自由选择呢？那当然不能！

在中国，我常常听到三四十岁的中年人说，"我这辈子就这样了，只好把希望寄托于子女了"。这下好了，他们的精力和资源的确全砸到子女身上，而子女又图一时之便，就像小张那样来者不拒，让自己丧失自我责任、自立意志。等到子女长大成

家后，发现自己这辈子也那样了，也"只好把希望寄托于子女了"。就这样，代复一代，每代人都处于依靠别人因而没有个人自由的状态中，整个社会在缺乏个人选择、丧失自我实现意志的长期均衡中不能自拔。

个人选择是我们谈得较多，也是你们在学校听得多、书里读得多的话题。正因为个人自由这么重要，而自由的基础又首先是经济上的独立，所以，我一直说，你们今后要通过各类金融保险与养老安排，把自己一辈子方方面面的需要安排好，让自己在未来总能独立自主，也能让你们的子女得到解放。能这样做的一个关键前提当然是，你们能把个人责任内化成一种自然习惯，按照中国20世纪的思想家胡适先生的话说，就是自己"担干系、负责任"，不要总指望父母、指望别人。

胡适说："……救出自己的唯一法子便是把你自己这块材料铸造成器。把自己铸造成器，方才可以希望有益于社会。真实的为我，便是最有益的为人。把自己铸造成了自由独立的人格，你自然会不知足，不满意于现状，敢说老实话，敢攻击社会上的腐败情形，做一个'贫贱不能移，富贵不能淫，威武不能屈'的斯铎曼医生。"

我知道，"真实的为我，便是最有益的为人"这段话，让许多习惯于集体主义思维的人没法接受，因为我们总被告知：不能"为我"、只能"利人"。但是，真实的情况可能正好相反，恰恰是那些因"为我"而使自己成功的人,才有基础去帮助别人、解救社会。试想一下,如果人都忘了自己,到最后,没有几个人能"铸造成器",在连自己都没料理好的情况下,个人怎么有能力、有资格、有基础去"利人"呢?这就像下水救人,如果自己都不会游泳,或者还没安排好自己的安全保护措施,去救人的结果,恐怕会是自己和溺水者都活不了。

在你们的成长过程中,还会碰到许多听起来不可思议、与社会流行的迂腐说教相悖的金玉之言,对这些话,关键是要学会自己去思辨、吸收。你们一辈子的幸福,将最终来源于个性化的生活,而不是金钱财富或别的什么。也就是说,幸福是一件很个人化的事,没有任何人比你们更清楚怎样才会使自己幸福、什么才是自己所要的,所以,别人怎么说、怎么想、怎么要、怎么生活不重要,关键在你们自己。"萝卜白菜,各有所爱",你们的一生还是得由你们自己掌握,也将由你们自己的所作所为来定义。

而个性化的生活,既取决于个人选择自由,亦即事事自愿,又取决于跟个人自由相对应的自我责任。胡适说,发展人的个性,"须要有两个条件。第一,须使个人有自由意志。第二,须使个人担干系,负责任。"

你们的爸爸
2009 年 5 月 1 日

图书在版编目（CIP）数据

24堂财富课 / 陈志武著. —北京：台海出版社，2016.11（2019.5重印）

ISBN 978-7-5168-0957-0

Ⅰ.①2… Ⅱ.①陈… Ⅲ.①经济学—青年读物 Ⅳ.①F0-49

中国版本图书馆CIP数据核字(2016)第078918号

24堂财富课

作　　者：陈志武	
责任编辑：刘　峰	策划编辑：赵雪峰
设计制作：里　巷	内文制作：陈基胜
插　　画：李金凤	责任印制：蔡　旭

出版发行：台海出版社
地　　址：北京市东城区景山东街20号，邮政编码：100009
电　　话：010-64041652（发行，邮购）
传　　真：010-84045799（总编室）
网　　址：www.taimeng.org.cn/thcbs/default.htm
　E-mail：thcbs@126.com

经　　销：全国各地新华书店
印　　刷：山东鸿君杰文化发展有限公司

本书如有破损、缺页、装订错误，请与本社联系调换

开　　本：880mm×1230mm 1/32	
字　　数：166千字	印　　张：9.125
版　　次：2016年11月第1版	印　　次：2019年5月第3次印刷
书　　号：ISBN 978-7-5168-0957-0	
定　　价：36.00元	

版权所有　翻印必究